Elemente der Politik

Reihe herausgegeben von
Hans-Georg Ehrhart
Institut für Friedensforschung und
Sicherheitspolitik
Universität Hamburg
Hamburg, Deutschland

Bernhard Frevel
Verwaltung NRW
Fachhochschule für öffentliche
Verwaltung NRW
Münster, Deutschland

Klaus Schubert
Institut für Politikwissenschaft
Westfälische Wilhelms-Universität
Münster, Deutschland

Suzanne S. Schüttemeyer
Halle-Wittenberg
Martin-Luther-Universität Halle-Wittenberg
Halle, Deutschland

Die ELEMENTE DER POLITIK sind eine politikwissenschaftliche Lehrbuchreihe. Ausgewiesene Expertenen und Expertinnen informieren über wichtige Themen und Grundbegriffe der Politikwissenschaft und stellen sie auf knappem Raum fundiert und verständlich dar. Die einzelnen Titel der ELEMENTE dienen somit Studierenden und Lehrenden der Politikwissenschaft und benachbarter Fächer als Einführung und erste Orientierung zum Gebrauch in Seminaren und Vorlesungen, bieten aber auch politisch Interessierten einen soliden Überblick zum Thema.

Weitere Bände in der Reihe
http://www.springer.com/series/12234

Georg Eckert

Politische Führung

Eine Einführung

Georg Eckert
Bergische Universität Wuppertal
Wuppertal, Deutschland

ISSN 2627-2903   ISSN 2627-2911 (electronic)
Elemente der Politik
ISBN 978-3-658-24277-0   ISBN 978-3-658-24278-7 (eBook)
https://doi.org/10.1007/978-3-658-24278-7

Die Deutsche Nationalbibliothek verzeichnet diese Publikation in der Deutschen Nationalbibliografie; detaillierte bibliografische Daten sind im Internet über http://dnb.d-nb.de abrufbar.

Springer VS
© Springer Fachmedien Wiesbaden GmbH, ein Teil von Springer Nature 2019
Das Werk einschließlich aller seiner Teile ist urheberrechtlich geschützt. Jede Verwertung, die nicht ausdrücklich vom Urheberrechtsgesetz zugelassen ist, bedarf der vorherigen Zustimmung des Verlags. Das gilt insbesondere für Vervielfältigungen, Bearbeitungen, Übersetzungen, Mikroverfilmungen und die Einspeicherung und Verarbeitung in elektronischen Systemen.
Die Wiedergabe von allgemein beschreibenden Bezeichnungen, Marken, Unternehmensnamen etc. in diesem Werk bedeutet nicht, dass diese frei durch jedermann benutzt werden dürfen. Die Berechtigung zur Benutzung unterliegt, auch ohne gesonderten Hinweis hierzu, den Regeln des Markenrechts. Die Rechte des jeweiligen Zeicheninhabers sind zu beachten.
Der Verlag, die Autoren und die Herausgeber gehen davon aus, dass die Angaben und Informationen in diesem Werk zum Zeitpunkt der Veröffentlichung vollständig und korrekt sind. Weder der Verlag, noch die Autoren oder die Herausgeber übernehmen, ausdrücklich oder implizit, Gewähr für den Inhalt des Werkes, etwaige Fehler oder Äußerungen. Der Verlag bleibt im Hinblick auf geografische Zuordnungen und Gebietsbezeichnungen in veröffentlichten Karten und Institutionsadressen neutral.

Springer VS ist ein Imprint der eingetragenen Gesellschaft Springer Fachmedien Wiesbaden GmbH und ist ein Teil von Springer Nature
Die Anschrift der Gesellschaft ist: Abraham-Lincoln-Str. 46, 65189 Wiesbaden, Germany

Inhaltsverzeichnis

1 Einleitung: Führung zwischen Sehnsucht und Skepsis ... 1

2 Elemente des Führens: Politische Führung als Handwerk ... 25
   2.1 Neue Rahmenbedingungen: Herausforderungen der Gegenwart ... 40
   2.2 Alte Aufgaben: Politikgestaltung und Machtverwaltung ... 52
   2.3 Integration und Partizipation: Kommunikation als Kernaufgabe ... 60

3 Führung und Verführung: Die Herausforderung der Demokratie ... 71
   3.1 Jenseits bloßen Managements: Zur Eigenständigkeit von Führung in der Politik ... 75

3.2 Interaktion und Responsivität:
Geführte machen Führung 86
3.3 Orientierung durch Werte:
Führung als Anerkennung 94

**4 Vom Sinn des Führens:
Politische Führung als Idee** 101
4.1 Legitimationsweisen: Führung
begründen 104
4.2 Denkweisen: „Große Männer"
und „Charisma" 117
4.3 Argumentationsweisen:
„Führungsstärke" und
„Führungsschwäche" 130

5 Fazit: Führung als Angebot 135

Kommentierte Literaturhinweise 139

Literatur 145

1

Einleitung: Führung zwischen Sehnsucht und Skepsis

Politische Führung ist zweifellos eine Tätigkeit, eine höchst individuelle. Aber politische Führung bedeutet zugleich eine kollektive Erwartung, die Sehnsucht ebenso provoziert wie Skepsis. Sie schwankt zwischen dem Ideal, enthusiastisch die Zukunftsfähigkeit der parlamentarischen Demokratie zu sichern, und sorgenvoller Herrschaftskritik. Führung lockt mit begeisternden Visionen, in denen sich komplexe Probleme schlagartig lösen lassen, und sie droht mit einer verschlagenen Machtpolitik, dank der Eliten ihre Dominanz besonders raffiniert zu organisieren und abzusichern wissen. Die Übergänge sind fließend, und in Hoffnung mischt sich rasch Enttäuschung, ja sogar Frustration, wenn etwa die herbeigesehnte „Politik aus einem Guss" aufgrund von individuellen Fehlern, von Machtambitionen, von heterogenen Interessen, von strukturellen Hemmnissen oder von anderem zerspringt, noch ehe sie eine feste Form angenommen hat.

Gerade diese Ambivalenz – deren Extreme man exemplarisch für das 20. Jahrhundert mit Namen wie Mahatma Gandhi, Winston Churchill oder Willy Brandt einerseits, Stalin, Hitler oder Mao andererseits illustrieren könnte (s. Abb. 1.1), allesamt auf ihre Weise populäre Führer und jedenfalls mitreißende Redner – strapaziert das Konzept politischer Führung. Seine Überdehnung stellt eher Regel als Ausnahme dar, in der Praxis wie in der Theorie. Führung meint seit jeher weitaus mehr als eine Technik der Macht, sondern bildet zugleich ein Prisma der Wahrnehmung, eine Deutungsgewohnheit des Politischen überhaupt. Es neigt die westliche Tradition seit ihren griechischen Anfängen dazu, Politik als Führung bzw. von Führung her zu deuten, in Strukturen, in Prozessen und vor allem in Ergebnissen, die Führenden zugerechnet werden. Ob nun Leistungen oder Fehlleistungen, beides wird für gewöhnlich einzelnen Führenden und ihrer jeweiligen Führungsweise zugeschrieben bzw. aus ihnen heraus erklärt, man könnte auch sagen: darauf reduziert.

Dieser Effekt lässt sich in der politischen Theorie beobachten, aber auch im praktischen Alltag der wissenschaftlichen Bestandsaufnahme oder der journalistischen Reportage, die sich oft auf einzelne Akteure und deren vermutete Absichten konzentrieren. Just die Berichterstattung über politische Führer verrät bisweilen mehr über die Autoren als über diejenigen, über die sie berichten. In der Einordnung und Bewertung politischer Akteure spiegeln sich persönliche und gesellschaftliche

Stalin	Ambivalenzen politischer Führung	Mahatma Gandhi
Hitler	← →	Winston Churchill
Mao		Willy Brandt

Abb. 1.1 Sehnsucht & Skepsis: Gute Führer, böse Führer. (Quelle: Eigene Darstellung)

Erwartungshaltungen wider. Wer über Führung schreibt, erzählt meist eine ziemlich selektive Heldengeschichte: bisweilen werden einzelne darin über Verdienst gerühmt, bisweilen unter Verdienst kritisiert. Erich Kästner hat diese ebenso wählerische wie unbarmherzige Wahrnehmung einmal pointiert beschrieben. „Über den Nachruhm oder der gordische Knoten" hat er ein Epigramm betitelt (Kästner 2004, S. 275): „Den unlösbaren Knoten zu zersäbeln, gehörte zu dem Pensum Alexanders. Und wie hieß jener, der den Knoten knüpfte? Den kennt kein Mensch. (Doch sicher war es jemand anders)."

Gleich zwei Unschärfen werden darin fassbar: die Frage, ob die größere Leistung im Durchhauen oder im Knüpfen von Knoten bestehe, und die Frage nach dem eigentlichen Helden – oder bedarfsweise Schurken – der Erzählung. Vielleicht hat Kästner sich bei der Niederschrift seines Denkanstoßes im Jahre 1950 von Bertolt Brechts „Fragen eines lesenden Arbeiters" aus dem Jahre 1936 inspirieren lassen, die ihrerseits die Leistungen der „Kleinen" hinter den mit großem Nachruhm bedachten Taten der „Großen" thematisiert und die Bedeutung von Führung relativiert hatten. Brechts Gedicht war vor allem als Aufruf gemeint gewesen, das Licht der gesellschaftlichen Aufmerksamkeit auf diejenigen zu wenden, die im Dunkeln sitzen: „Der junge Alexander eroberte Indien. | Er allein? | Cäsar schlug die Gallier. | Hatte er nicht wenigstens einen Koch bei sich?" (Brecht 1967, S. 656).

Die thematische Überschneidung beider Zitate ist nicht ganz zufällig. Brecht wie Kästner hatten in der Weimarer Republik eine fundamentale Debatte über politische Führung erlebt und an ihr teils mitgewirkt: sogar weit mehr als nur eine Debatte, sondern nachgerade ein Schauspiel sämtlicher Regierungs- und Führungsformen, die binnen weniger Jahre vor ein erstauntes, enthusiastisches, entsetztes Publikum traten – von der abrupt endenden Monarchie über die Räterepublik, die parlamentarische Demokratie und die autoritäre Präsidialregierung bis hin zur totalitären Hitler-Diktatur. Überhaupt haben fast alle Projektionen von politischer Führung im Laufe der Geschichte ihre zeitweilige Real-Erscheinung gehabt. Für sämtliche Extreme gibt es Exempel: leidenschaftliche Demokraten und brutale Diktatoren, entschlossene Tatmenschen und zaghafte Moderatoren, skrupellose Opportunisten und verantwortungsvolle Ehrenmänner, Einzelspieler und Teamplayer, Narzissten und uneitle Diener des Gemeinwohls. Die anekdotische Präsenz dieser Idealtypen bzw. Realerscheinungen rahmt bis heute unsere Diskussionen über Führung, im politischen Alltag, im gesellschaftlichen Diskurs, in der wissenschaftlichen Analyse.

Zugleich berühren die beiden literarischen Zeugnisse ein chronisches Problem sämtlichen Nachdenkens über politische Führung. Auch Politik muss irgendwie erzählt werden; dazu braucht es benennbare Protagonisten, am besten prominente. Doch just daraus resultiert ein Attributionsproblem, mit dem auch und gerade die Forschung zu kämpfen hat. Wer Führungserfolg diagnostiziert, muss mit einer doppelten Unschärfe zurechtkommen: erstens der schwierigen Frage, was eigentlich Erfolg bedeute, zweitens der Frage, wem dieser Erfolg zuzuschreiben sei. Wem gebührt der Ruhm eines segensreichen Reformgesetzes? Wem ist es zu verdanken? Dem Regierungschef, dem Kabinett, dem Fraktionschef, der Fraktion, den Wählern, die eine bestimmte Partei gewissermaßen mit dem Reformmandat ausgestattet hatten, den Beamten, die den Gesetzesentwurf verfasst haben, den zahlreichen Experten, deren Einschätzungen hinter den legislativen Initiativen standen, der kritischen Öffentlichkeit, die vielfältig auf den Gesetzgebungsprozess eingewirkt hat, dem einzelnen Pionier, der zuerst die Idee des Reformgesetzes artikuliert hatte, denjenigen, die seiner Idee erst öffentliche Geltung verliehen haben – oder vorzüglich den Ereignissen, den Strukturen, den Umständen, am Ende gar dem Wetter, den Launen des Zufalls, schierem Glück? Gleiches gilt umgekehrt im Falle des Misserfolgs. Nur mag sich den wiederum niemand zuschreiben lassen; auch das gekonnte Weiterreichen des Schwarzen Peters gehört zum kleinen Einmaleins politischer Führung.

Korrelationen werden leicht zu Kausalitäten verklärt, in beiden Richtungen, auch aus machtpolitischen Gründen respektive solchen der Macht-Vermarktung. Omnipotenz ist eine gern gehegte Fantasie. Aber Alexander der Große hat Indien nicht allein besiegt, Friedrich der Große sein Preußen nicht im Alleingang reformiert, Bismarck die obendrein kühl kalkulierten Anfänge der Sozialversicherung nicht ohne Mithilfe anderer bewirkt. Was für Alleinherrscher in der Vergangenheit galt, gilt auf seine Weise auch für unsere Demokratien: „Große Männer" sind eher kollektive Fiktionen als reale Erscheinungen, doch eben womöglich gerade als Fiktionen besonders wirksam. Auch im parlamentarischen System werden Erfolge wie Misserfolge eben meist dem Regierungschef persönlich angerechnet respektive angelastet (Brown 2018, S. 413).

Fair sind solche Zurechnungen oftmals nicht, aber erheischen insofern eine gewisse Legitimität, als ein Regierungschef für seine Regierung gewissermaßen sogar im Lichte der Nachgeborenen verantwortlich ist; die Übernahme von Verantwortung gehört zum Jobprofil, im Guten wie im Schlechten, in unverdientem Dank wie ungerechtem Undank. So nötig derlei Zurechnungen schon aus Darstellungsgründen zu sein scheinen, so neigen sie doch zu fataler Reduktion und verkennen gelegentlich, dass die Zeitgenossen insbesondere manche langfristigen Folgen kaum haben absehen können. Das gilt für Angela Merkel in der Flüchtlingskrise, das gilt für Gerhard Schröder in der Agenda 2010, das gilt für Helmut Kohl, der nur wenige Wochen vor der Wende des Jahres 1989 mühsam seine Abwahl als Parteivorsitzender verhindert hatte. Das gilt auch für andere Protagonisten, die ihre jeweilige Politik keineswegs allein entwickelt und umgesetzt haben: für Konrad Adenauers Westbindung, für Willy Brandts Ostpolitik, für Ludwig Erhards „Wirtschaftswunder". Wer führt, führt ohnehin nie für sich selbst allein – sondern immer auch als Exponent spezifischer Gruppen, Interessen und Überzeugungen (und ein Hegelianer müsste anfügen: auch des Zeitgeists).

Zu warnen ist vor reduktiven Zuschreibungen, in denen sich auch die Unschärfen beliebter best-practice-Modelle verbergen, die Scheitern allzu gern schlicht als Führungsversagen deuten. Zwei epistemologische Probleme liegen darin verborgen. Erstens lassen sich Lektionen von einem Unternehmen zum anderen, von einem Land auf das andere, von einem Sektor auf den anderen nur selten unmittelbar übertragen. Sie eignen sich deshalb eher als „Quelle der Inspiration und als Ansporn zur Selbstprüfung" (Raynor und Mumtaz und Henderson 2009, S. 14 f.). Was den Erfolg des einen bewirkt hat, kann den anderen scheitern lassen; zweitens sind in einer komplexen Welt strukturelle Erfolgsfaktoren von kontingenten bisweilen nur schwer zu unterscheiden. Welchen Anteil genau hatte etwa die Liberalisierung der Märkte am Wirtschaftsaufschwung?

Aber die Verführung zu schnellen Erklärungen bleibt nun einmal groß: Wer sein politisches Programm nicht durch die bestehenden Strukturen und Routinen ans Ziel gebracht, wer eine Wahl verloren hat, wessen Regierungskoalition inmitten der Wahlperiode geplatzt ist, dem spricht man im Nachhinein meist ab, ein guter Führer oder überhaupt ein Führer gewesen zu sein; Führung gerät dann zu einem exklusiven Beschreibungsbegriff für Sieger – obwohl es gerade Führungsstärke und echte Führungsleistung beweisen kann, ein Thema überhaupt auf die Agenda bzw. in die politische Debatte einzubringen, bis hin zum Rücktritt aus Überzeugung. Leadership heißt nicht unbedingt, alles richtig, sondern in der Demokratie zuallererst: ein Angebot zu machen, das andere annehmen können oder eben auch nicht. Verantwortung für das Gemeinwesen haben neben den Führern schließlich auch diejenigen, die sich führen lassen, Wähler ebenso wie erst recht Nichtwähler.

Führungsversagen hingegen dient oft als allzu bequemer, weil verantwortungsentlastender Vorwurf. Er resultiert aus einem Dilemma, das auch forschungspragmatische Gründe hat. Wer Führung normativ beschreibt, also so, wie sie sein soll, wird über ein paar generelle, im weitesten Sinne moralische Leitsätze kaum hinauskommen: Anstand wäre höchst wünschenswert, Tugenden wie Uneigennützigkeit und Gerechtigkeit nicht minder. Vielleicht die knappste werktagstaugliche Maxime für die politische Praxis steckt in Erwin Teufels Credo, „zuerst das Land und seine Menschen, dann die Partei und die Fraktion, danach erst persönliche Interessen des handelnden Politikers" zu bedenken (Teufel 2013, 99). Doch dann wird es rasch kompliziert. Führung soll gewiss Menschen überzeugen – aber wie und vor allem wovon? Sie soll auf das Gemeinwohl hinarbeiten – aber wo liegt es? Auf wohlfeilen Gemeinplätzen ist insbesondere der exakte systematische Ort des Interesses schwer zu bestimmen; die praktische Wirksamkeit des Eigennutzens aller Beteiligten entzieht sich einer genauen theoretischen Erfassung. Dennoch prallt weniger die Theorie an der Praxis ab als die Praxis an sich selbst. Jede politische Lektion, die man vermeintlich lernen kann, steht für sich; Analogien sind meist trügerisch, weil sich das jeweilige politische Umfeld so sehr unterscheidet und so rasch wandelt, schon innerhalb einer Partei in einem Land, erst recht im internationalen Vergleich. Selbst unter den westeuropäischen Demokratien zeigen sich erhebliche Differenzen, von den „harten" Faktoren wie

Staatsaufbau, Wahlrecht etc. bis hin zu den „weichen", also zu heterogenen Vorstellungen, wer auf welche Weise führen sollte (bis hin etwa zu Geschlechterrollen).

Deshalb beschränken sich die meisten Führungs-Studien plausiblerweise auf einzelne Staaten, oftmals sogar auf einzelne Regierungen; Erkenntnisse aus der Führungsforschung aus anderen Staaten sind nämlich vielfach kaum übertragbar. Im britischen Zentralstaat geschieht Regierung anders als im deutschen Bundesstaat, die amerikanische und die französische Präsidentialverfassung haben wenig mehr als den Namen gemein. Zugespitzt ließe sich daher sagen: Wer Führung deskriptiv beschreibt, also so, wie sie wirklich war und ist, kommt nie zu einem analytischen Ende oder landet vorzeitig bei reichlich vagen Prinzipien wie „Divide et Impera". Schließlich gibt es kein limitiertes Reservoir an Führungsprinzipien und -techniken, vielmehr bringt die historische Wirklichkeit immer neue Varianten bzw. Kombinationen hervor. Weil selbst Experten für politische Führung keine Glaskugeln haben, muss man das Bedenken ernst nehmen: „Eine kohärente empirische Theorie politischer Führung, die auch nur annähernd alle möglichen intervenierenden Variablen berücksichtigen könnte, muss unerreichbar bleiben" (Helms 2000, S. 428).

Nun ist das kein Einwand gegen politikwissenschaftliche oder politikgeschichtliche Bestandsaufnahmen, son-dern nur ein Hinweis, dass keine dieser Bestandsaufnahmen absolut gesetzt werden sollte. Sie haben allesamt ihre je relative Berechtigung – ohne selektive Konzentration keine kundige Mikro-Analyse, wie sie sich die jüngeren Studien meist vornehmen, doch eben zum Preis erschwerter Hypothesenbildung (Gast 2010, S. 26 f.). Um Führung empirisch in den Griff zu bekommen, bedarf es einer genaueren Auswahl. Sie verengt die wissenschaftliche Wahrnehmung meist auf besonders exponierte Akteure, oftmals auf Regierungschefs oder andere prominente

Gestalten. Dass wir Führung unter den Bedingungen erstens der Exekutive und zweitens nationaler Politik zu denken gewohnt sind, hat gute Gründe, verdeckt aber bereits eine analytisch relevante Vielfalt. Um eine Wahl spektakulär zu gewinnen, braucht es wohl einen anders zupackenden Parteivorsitzenden als in einer Situation, in der eine mühsame Reorganisation der Partei ansteht (Forkmann und Schlieben 2005, S. 16). Wer vor der Wahl noch Vorsitzender einer Oppositionsfraktion war, muss sich als Vorsitzender einer in eine Koalition eingebundenen Regierungsfraktion umstellen. Ein Innenminister kann in der Regel freier handeln und reden als ein Außenminister, der sich diplomatischer Gepflogenheiten zu bedienen hat. Ein Bundesminister muss im Bundesrat wiederum anders agieren als im Bundestag, der Oppositionsführer anders als ein Mitglied der Regierungsfraktion, ein Abgeordneter im Landtag anders als ein Bürgermeister oder ein Gemeinderat – ganz zu schweigen von den Herausforderungen des europäischen Mehrebenensystems.

Die übliche Konzentration auf Regierungs- sowie Parteichefs und weitere Inhaber herausgehobener Ämter reduziert Führung vornehmlich auf Steuerung oder Leitung oder Lenkung (Lösche 2005, S. 348); sie mündet meist in einer konkreten systematischen Konsequenz, nämlich in der Konzentration auf verschiedene Stile oder Typologien von Führung (Helms 2000, S. 418) – und zwar hauptamtlicher Führung von Berufspolitikern: Über die Eigenheiten von Führung in der ehrenamtlichen Kommunalpolitik beispielsweise gibt es kaum umfassende Studien. Die wissenschaftliche Ausdifferenzierung der besagten Führungsstile stellt also weiterhin ein Forschungsdesiderat dar (Glaab 2018, S. 1116), weil sie vergleichende Studien ermöglicht. Um eines von vielen wissenswerten Beispielen zu nennen: Die niedersächsischen Ministerpräsidenten lassen sich quer über die Parteigrenzen hinweg in „Landesväter",

„Landesmanager" und „Mediencharismatiker" unterscheiden (Schulz und Werwath 2012, S. 280–282), während man bei bundesdeutschen Parteivorsitzenden wiederum eine „charismatische" von einer „organisatorisch-bürokratischen" und einer „präsidialen" Führung abgrenzen kann (Lösche 2005, S. 364).

Derlei Erkenntnisse sind per se aufschlussreich und besitzen zudem eine erhebliche methodologische Relevanz, indem sie mannigfache Einflüsse auf Führungsverhalten offenlegen: individuelle Faktoren aus Charakter oder Biografie der Beteiligten einerseits, Umfeldbedingungen andererseits, von Verfassungen oder Parteisatzungen bis hin zu Umgangsformen oder anderen kulturellen Prägungen. Daraus erwachsen sowohl ein Anwendungsproblem, weil die gewonnenen Erkenntnisse sich jeweils nur schwer auf andere Umstände übertragen lassen, als auch eine prinzipielle Einsicht: Führung bedarf daher prinzipiell der Historisierung (Walter 1997, S. 1331). Denn sie ist eine relative Größe, keine absolute.

Ob aus dieser Differenz-Diagnose ein anderes, umfassendes Verständnis von Führung resultieren kann, ist allerdings bereits aus hermeneutischen Gründen fragwürdig. Führungsstile ändern sich teils binnen kurzer Frist, sogar in den führenden Individuen selbst. Was an einem Ort funktioniert, funktioniert schon am selben Ort zu späterer Zeit womöglich nicht mehr, und an anderen Orten erst recht nicht. Ein Kanzler muss seine Minister anders führen als ein Parteivorsitzender seine Parteimitglieder oder ein Abgeordneter seine Wähler oder ein Dorfbürgermeister seine jeweiligen Bezugsgruppen. Je nach Zielgruppe sind unterschiedliche Formen der Ansprache gefragt, Fabrikarbeiter und Professoren verlangen unterschiedliche Kontakt- und Redeweisen.

Überhaupt entspringen sämtliche Varianten von Führung nur zu einem gewissen Teil individuellen Willensentscheidungen der Führenden und ihrer Umgebung, sondern bilden sich in der Interaktion heraus – geprägt von den jeweiligen Umständen, bis hin zu kulturellen Faktoren (Gast 2011, S. 356). Stil steht nicht in der subjektiven Beliebigkeit des Führenden, sondern korrespondiert mit objektiven Gegebenheiten. Vermeintliche Entscheidungsschwäche kann beispielsweise dem Kalkül entspringen, eine starke Entscheidung gar nicht durchsetzen zu können; auf ihre moderierende Weise hat Angela Merkel wahrscheinlich die Einheit der von ihr modernisierten CDU bewahrt – während Franz Josef Strauß die CSU in einer Zeit hochgradig ideologischer gesellschaftlicher Auseinandersetzungen gerade mit seiner polarisierenden Art stärkte. Führungsstile sind gewiss individuelle Merkmale, doch welche Führungsstile zur Geltung gelangen, bestimmen eher die Umstände als die Persönlichkeiten. Nicht nur Menschen, sondern auch Zeiten haben ihren Stil.

Bereits in der kleinen Gruppe der deutschen Parteichefs ergeben sich ganz unterschiedliche Führungs-Strategien sowie -Taktiken. Untersucht man Fraktionschefs, zeigt sich mutmaßlich schon wieder ein anderes Bild. Und blickt man auf andere Länder mit anderen politischen Systemen und anderen Parteien bzw. anderen parteipolitischen Strukturen, gerät dieses Bild zum Panoptikum, indem man alles und nichts und doch etwas erkennt. Darauf hat schon der Aufklärer Montesquieu in seinem „Geist der Gesetze" (1748) hingewiesen, in dem er politische Überzeugungen, ja Mentalitäten ganzer Gesellschaften zu erklären versucht hat: als strukturelle Gegebenheiten der Politik, an denen ein einzelner weniger zu ändern vermag, bis hin zum Umgang mit Hierarchien, die er auf diverse Faktoren bis hin zu den klimatischen Umständen zurückgeführt hat.

Letzteres klingt in unseren Ohren skurril, hat aber seine prinzipielle Berechtigung. In der heute tendenziell vorherrschenden Annahme, dass „geborene"

Führungs-Persönlichkeiten eher nicht existierten, sind wir eigentlich getreuliche Montesquieu-Schüler. Zu jeder Persönlichkeit gehört ein Umfeld, in dem sie zur Führungs-Wirkung gelangen kann oder eben nicht; zudem agiert jeder in spezifischen Konstellationen, zu denen wiederum jeweils andere Akteure gehören, und in spezifischen Kontexten. Selbst Vorsitzende von Bundesparteien sind in unterschiedliche Wertenormen und Handlungsmuster eingebunden; Unionswähler schätzen innerparteiliche Auseinandersetzungen weniger als SPD-Wähler, ein CSU-Parteivorsitzender agiert unter anderen Voraussetzungen als eine Doppelspitze bei den Grünen. Deshalb kann man getrost feststellen: „Den ‚idealen' Parteiführer gibt es nicht", sondern eben denjenigen, der in seinem jeweiligen Bezugssystem erfolgreich wirkt (Lösche 2005, S. 348). Diese Bezugssysteme ändern sich bisweilen rasch; was sich in der einen Situation bewährt, kann schon in der nächsten zum Problem werden – nach einem Wahlsieg bieten sich andere Führungsspielräume als nach einer Wahlniederlage, mit der sich unweigerlich Rufe nach „neuer" Führung oder nach einem neuen Führungsstil artikulieren. So „wandelt sich das Erfolgsprofil politischer Führung permanent" (Sebaldt 2010, S. 358).

Ohnehin ist in jeder Facette von Führung schon ihr Versagen angelegt. Einstige Tugenden kehren sich situativ leicht in Laster um. Entscheidungsfreudige Führung riskiert mangelnde innerparteiliche oder innergesellschaftliche Integration, eine integrationsorientierte Führung riskiert Entscheidungsunfähigkeit (Fagagnini 2000, S. 277), wie etwa die gegenläufigen Exempel von Helmut Schmidt und Helmut Kohl zeigen. Welche von beiden Folgen die schlimmere ist, kann ihrerseits wieder situativ ganz verschieden sein – und lässt sich meist erst im Rückblick bestimmen. Das wiederum weist auf eine der größten Unschärfen allen Denkens über Führung hin:

auf die Neigung, ex-post-Betrachtungen aus konkreten Geschehnissen zu abstrakten Regeln für alle Fälle zu überhöhen. Wer Führung als „best practice" definiert, wird bei deren Anwendung rasch in ein „worst case"-Szenario geraten, weil keine Situation der anderen bis in alle Details gleicht. Kleine Unterschiede indes können die analog vorberechneten Wirkungen ins Gegenteil verkehren.

Die jüngste Konjunktur der Führung in der wissenschaftlichen Debatte, in der Publizistik und nicht zuletzt in der politischen Debatte selbst zeigt, wie schwankend die Bedeutungen sind. Kanzlerin Angela Merkel ist für ihren moderierenden Führungsstil binnen weniger Jahre sowohl gepriesen als auch harsch kritisiert worden, ebenso wie Gerhard Schröders „Basta"-Politik je nach Politikfeld ganz unterschiedlich bewertet wurde. Dass seit den 2000er Jahren überhaupt so viel über Führung debattiert wird, resultiert aus allerlei Faktoren, auch aus der Faszinationskraft von Führung, die bisweilen sogar utopisches Potential hat. Es ist beispielsweise eine verheißungsvolle Vision, dass eine leistungsorientierte Führung „für alle gesellschaftlichen Bereiche" künftig „Streitpunkte durch Meßbarkeit und Bewertbarkeit zu reduzieren" vermöge (Mohn 2000, S. 170). Doch an solch hohen Erwartungen kann die Wirklichkeit nur scheitern, schon deshalb, weil sich die Wirklichkeit so schnell ändert – nicht erst in unserer Zeit.

In Deutschland haben die langjährigen Reformstau- und Politikverdrossenheits-Debatten den Wunsch nach Politikern verstärkt, die der Gesellschaft und dem politischen System den seit Roman Herzog vielbesagten „Ruck" geben sollten; teils repräsentiert der jüngere Kult um politische Führung auch eine Ersatzhandlung, die auf die geschwundene Handlungsmacht des Nationalstaats und auf eine zunehmende postmoderne Orientierungslosigkeit reagiert – so unterschiedlich etwa die Geschichten von Karl-Theodor zu Guttenberg und Martin Schulz gelagert sind, politisch und persönlich und moralisch, so verbindet sie doch ein medialer Hype, dem jeweils ein rapider Absturz folgte.

Zu diesem Geflecht an Führungs-Erwartungen und Führungs-Enttäuschungen gehören politische, sozioökonomische, kulturelle und mediale Veränderungen zugleich. Hinter der Reduktion von Politik auf Handlungen und Motive einzelner, hinter ihrer Personalisierung verbirgt sich auch das Streben nach Komplexitätsreduktion in einer immer undurchdringlicher erscheinenden Welt (Himmler 2001, S. 102), schon seit jeher. Je komplexer die politischen Systeme, je verwickelter die Interessenlage, je ungewisser die Gegenstände der Gesetzgebung, je unüberschaubarer ihre Auswirkungen und nicht zuletzt: je knapper die Formate der medialen Berichterstattung, desto größer die Versuchung, den politischen Horizont auf einige weithin sichtbare Gestalten zu verengen, unter die sich dann auch so manche Scheinriesen mischen. Führung scheint leicht wahrnehmbar, jedenfalls schafft sie „die probate Gelegenheit, Politik zu personalisieren" (Walter 2009, S. 378).

Diese Perspektive wirkt auf die Politik selbst zurück. Führung ist einerseits ein Faktor, andererseits zugleich ein Indikator (Fagagnini 2000, S. 291) gesellschaftlicher Trends. Seit vielen Jahren ist in vielen Staaten ein zunehmend personenzentrierter Regierungsstil zu beobachten (Jun 2006, S. 247), der seinerseits die diskursive Konjunktur ankurbelt: Führungsdebatten in Wissenschaft wie Gesellschaft boomen, freilich in den besagten sehnsuchtsvollen respektive höchst skeptischen Spielarten. Die sehnsuchtsvolle neigt zur Hoffnung auf einen starken politischen Führer (oder wenigstens, etwas milder, auf einen, der „Durchregieren" verspricht) – und kehrt vor allem in Krisenzeiten wieder, in denen der Führer zum Leitbild oder gar zur Lichtgestalt gerät: etwa als jener „Tatmensch" (Gerstner 2008, S. 301), den sich insbesondere Eliten im frühen 20. Jahrhundert erhofften.

Gar nicht so selten sind sogar Situationen, in denen eigens eine Krise ausgerufen wird, um energische Führung einzufordern; ein gewisser Zusammenhang von Krisen-Zeiten und Führungs-„Gurus" ist nicht abzustreiten (Walter 2017, S. 51 f.), auch wenn unterschiedliche Krisen und unterschiedliche Zeiten ganz unterschiedliche Führungs-Modelle loben respektive tadeln. Carl von Ossietzky hat entsprechende Führungs-Bedürfnisse in der Weimarer Republik bissig mit seiner Prognose karikiert, man werde „allen Schwierigkeiten zum Trotz doch der permanenten Krise näherkommen, der absoluten Krise, der Krise an sich: dem hohen Ziel deutscher Staatskunst" (Ossietzky 1994, S. 10).

Führung, als Begriff erst um 1900 entstanden, geriet insbesondere in den Jahren nach dem Ersten Weltkrieg zum Medium einer Handlungserwartung, und das nicht nur damals. Ihre sehnsuchtsvolle Anpreisung projiziert eine bestimmte Art von politischer Führung oder einen bestimmten Typus von Führer in eine Meta-Lösung für alle Probleme hinein – während die skeptische genau solche Projektionen selbst für verhängnisvoll hält, weil sie uneinlösbare Erwartungen wecken und just diejenigen Enttäuschungen am politischen System bewirken können, die sie eigentlich verhindern möchten. Diese Sorge, die auch leidvollen Erfahrungen mit totalitären Führer-Gestalten wie Hitler oder Stalin entspringt und die insbesondere Karl Poppers bescheidene Beschreibung des Politikers als „Stückwerk-Ingenieur" ausdrückt (Popper 2003, S. 59), ist für die Postmoderne sogar charakteristisch; im Wissen darum, dass es für fast alle Probleme eben nie nur eine mögliche Lösung gibt, dass Regieren am ehesten „ein endloser Prozess des Problembearbeitens" sei (Rüb 2013, S. 247), kann sogar das vielfach verschriene „Durchwursteln" eine sinnvolle Reaktion auf die Kontingenz ebenso des politischen Wissens und Handelns darstellen (Rüb 2012, S. 132).

Tatsächlich mag taktisches Agieren, dem man strategische Unbedarftheit vorwerfen kann, seine Vorzüge haben: Ein erfolgreicher Regierungspraktiker hat vor vielen Jahrzehnten schon beobachtet, wie der „abwartende Führungsstil zu besseren Ergebnissen als ein kraftvoll voranschreitender Stil führt, z. B. in lange schwelenden Krisen, deren weiterer Verlauf unvorhersehbar ist" (Carstens 1971, S. 117). Solche nüchternen Erfahrungswerte sind höchst relevant. Denn insbesondere in Krisenzeiten, in denen die Exekutive ohnehin den politischen Raum dominiert, hat der Appell an entschiedene Führung dieselbe Funktion, die im antiken Theater dem Deus ex machina zukam: als dramatisches Mittel, das eine spontane Lösung scheinbar unlösbarer Probleme verspricht. Das politische Denken des Westens oszilliert seit jeher zwischen den Sorgen, was straffe Führung anrichten könne, und der Hoffnung, dass straffe Führung endlich überhaupt etwas ausrichten könne (zu dieser Ambivalenz mit Blick auf die Ideengeschichte: Keohane 2014, S. 26).

Solche Hoffnungen müssen wenigstens in der Demokratie unserer Gegenwart mehr oder minder zwangsläufig enttäuscht werden. „Leistungszumutungen und Leistungsmöglichkeiten klaffen auseinander" (Oberreuter 1992, S. 171), lautete schon vor Jahren eine seither noch bedeutsamer gewordene Warnung. Politische Führung wird chronisch mit Erwartungen überfrachtet, insbesondere dann, wenn ein Staat „für alle Lebensumstände seiner Bürger für verantwortlich gehalten wird" (Kielmansegg 1977, S. 124); zu einem aufgeklärten Führungs-Verständnis gehört wohl auch die Reflexion darauf, was politische Führung gerade nicht leisten kann, welche Erwartungen sie systematisch überfordern.

In diese Skepsis ist auch eine demokratietheoretische Komponente eingemischt; ein wesentlicher Traditionsstrang des westlichen politischen Denkens rankt sich um die politische Tugend des Misstrauens – schon in der antiken attischen Demokratie umgesetzt, perfektioniert im amerikanischen Prinzip des „checks and balances", das starke politische Führung gerade zu verhindern suchte. Überhaupt darf man der Neuzeit zuschreiben, immer weniger auf Tugenden der Akteure und immer mehr auf Vorzüge der politischen Institutionen gesetzt zu haben – um insbesondere menschlichen Schwächen gerecht zu werden (Matz 1979, S. 213 f.).

Dafür sprechen gute empirische Gründe, die sich im Aphorismus ausdrücken lassen: „Nichts seltener, als daß einer einen richtigen Nachfolger für sich selber sucht und findet" (Gross 1985, S. 149). Von Führung abzulassen fällt schwer, wie sich etwa in den späteren Jahren der Kanzlerschaften von Konrad Adenauer oder Helmut Kohl besonders deutlich gezeigt hat. Aber wer keinen Nachfolger findet, kann am Ende niemandem vorangehen. Der unfreiwillige Verzicht auf Ämter stellt tatsächlich die Regel des Machtwechsels dar, die nur wenige Ausnahmen bestätigen; zugleich haben sich die Beobachter diese Regel zum Gesetz gemacht, jeden Rücktritt darauf zurückzuführen, dass er dem Machtverlust bloß zuvorkomme respektive ihn bestätige. Auch das stellt übrigens eine Reduktion von Führung dar, wiewohl die Neigung, Macht zu behaupten, wohl eine zutiefst menschliche sein dürfte – und mit ihr die Versuchung, um der Macht willen an der Macht zu bleiben. Dann erstarrt Führung zum Selbstzweck, zur Technik der Machterhaltung.

Derlei passiert in der Praxis nun einmal, und von individuellen Karriere-Ambitionen lässt sich die Empirie der Führung keinesfalls abkoppeln; die Norm der Führung, wenn sie denn am Gemeinwohl als inklusivem Gut (Ladwig 2002, S. 107) orientiert sein soll, kann darauf doppelt reagieren – durch moralische Lehrsätze einerseits, andererseits aber, indem sie den Blick nicht auf Motivationen der

Führenden oder deren oft reichlich verklärte „Führungsstärke" verengt. Dann bemisst sich Führung nicht daran, ob der Führende „sein" Ziel erreicht, sondern dann rückt Interaktion in den Blick; der Erfolg einer Initiative heißt dann nicht, dass sie am Ende möglichst ungeschmälert umgesetzt würde, sondern bisweilen gerade das Gegenteil. Politische Führung bestünde dann wesentlich im Mut, ein gemeinwohlfähiges Angebot zu unterbreiten, das andere annehmen können oder eben auch nicht. Vielleicht macht echte politische Führung sogar die Bereitschaft aus, sich selbst zu besiegen: Positionen und selbst Ämter jenseits bloßen Machtkalküls zu räumen, wenn die Gegenstimmen sich als die stärkeren erweisen. In der Demokratie ohnehin, aber sogar in der Diktatur gilt schließlich: Politische Folgsamkeit kann nicht erzwungen werden, zumindest nicht über längere Zeit. Max Weber bezeichnete Führerschaft und Gefolgschaft nicht umsonst „als aktive Elemente freier Werbung" (Weber 1988b, S. 529).

Subjektiv gedacht, braucht Führung dann eine Eigenschaft, die man eher aus dem traditionellen, aber keineswegs veralteten Tugendkanon kennt: Demut. Das kann man individuell wenden, als Charakterzug, dessen indes alle Beteiligten bedürfen. Man kann es aber auch strukturell wenden, indem man bedenkt, dass Führung nicht selten von geradezu utopischen Anspruchshaltungen überfordert wird – und in gar nicht wenigen Fällen überdies von paradoxen: Vom gleichen Akteur stets politische Korrektheit und zugleich Zuspitzung in der Debatte zu verlangen, schließt sich ebenso nahezu aus wie das Verlangen, bierzelttauglich und zugleich intellektuell differenziert zu argumentieren. Wenn eine Einführung in politische Führung wie die vorliegende ihr Thema ausnahmsweise in seiner Relevanz eher verkleinert als vergrößert, indem sie auf die Erkenntnisgrenzen und die limitierten Handlungsmöglichkeiten von Führung hinweist, kann auch das ein Dienst am Verständnis unseres politischen Systems sein.

Ohnehin verdient eine besondere Eigenheit politischer Führung nun Aufmerksamkeit. Das Reden über Führung hat selbst eine bedeutende soziale Funktion, weil es der Verständigung über das Gemeinwesen dient. Mehr noch, Führung ist zugleich ein Medium der Politik wie ein Medium des Redens über Politik – nachgerade ein Prisma, durch das Politik gedeutet wird. Wesensaussagen über Führung erweisen sich als problematisch, weil Führung jeweils von institutionellen Rahmenbedingungen eingegrenzt wird, ebenso wie von sozialen sowie kulturellen Faktoren. Dieser Zusammenhang erscheint bereits in den Begriffen selbst, die insbesondere nach „Erfahrungen mit totalitären Herrschaftssystemen oft einen negativen Akzent haben" (Prosenc 1970, S. 152). In Deutschland, wo sich die Politikwissenschaft nach 1945 als „Demokratiewissenschaft" orientiert hat (Bleek 2011, S. 265), haben naheliegende geschichtliche Gründe den „Führer" und die „Führung" zu lange suspekten Begriffen gemacht, sodass unterdessen „Leader" und „Leadership" zu wichtigen Ersatzvokabeln geworden sind. Man sollte den Nationalsozialisten diesen semantischen Triumph nicht gönnen, die einst den Begriff für sich okkupiert und monopolisiert haben, der ihnen freilich schon in ihrer Zeit nicht exklusiv gehörte: Der keineswegs NS-affine Schriftsteller Erich von Kahler erlebte im Juni 1924 Tage, „wo allenthalben der Ruf nach dem Führer erschallt" (Gundolf und von Kahler 2012, S. 23). Die moderne Sehnsucht nach einem „Führer" war parteiübergreifend, noch im Jahre 1933 erschien das Funktionärsblatt der Sozialistischen Arbeiter-Jugend unter dem Titel „Der Führer" (Seebacher-Brandt 1984, S. 97); nach 1945 aber scheute einer ihrer ehemaligen Funktionäre nicht nur diesen Begriff, sondern das Konzept von Führung überhaupt.

Bundeskanzler Willy Brandt nämlich, so vermutete Helmut Schmidt kritisch in einem privaten Brief an Marion Gräfin Dönhoff im Februar 1972, also in einer für die sozialliberale Koalition krisenhaften Zeit, „scheint auf vielen Feldern Führung eher für etwas Unanständiges, jedenfalls etwas Undemokratisches zu halten. Die Folge aber ist: allgemeine Wirrnis" (Zit. Karlauf 2016, S. 37). Wahrscheinlich lag Schmidt, dem zeitgenössische Beobachter immer wieder einen Hang zur Führungsmentalität des Offizierskorps attestierten, damit nicht einmal falsch.

Aber darauf kommt es hier nicht an, sondern vielmehr darauf, Führungskonzeptionen und Führungspraktiken in die passende Perspektive zu setzen; Führung ist kein absolutes Konzept, sondern ein relatives – umso mehr kommt es darauf an, die theoretischen Prämissen der jeweiligen und die praktischen Voraussetzungen der jeweiligen Führungs-Modelle freizulegen. Sie unterscheiden sich bisweilen sogar in den Individuen selbst. Ein und derselbe Akteur kann, ja muss gleichzeitig auf verschiedenen Ebenen wirken, die jeweils ganz andere Arten von Führung erfordern. Zugleich den nationalen Parteivorsitz, die nationale Kanzlerschaft und die EU-Ratspräsidentschaft zu gestalten, bedeutet, in drei unterschiedlichen politisch-sozialen Systemen mit ihren Eigenlogiken und Interessenkonflikten agieren zu müssen: eigentlich ein Anforderungsprofil, dem nur Schizophrene genügen können. Dass in ein und demselben System viele Führungsstile nebeneinander bestehen, oft miteinander verschränkt, aber eben nicht identisch, zeigt sich übrigens auch unter ganz anderen Bedingungen: In der DDR wurde der autoritäre Führungs-Zugriff, der sich bei Parteifunktionären und auf der oberen Leitungsebene der Wirtschaft beobachten lässt, nach unten hin weitaus schwächer (Körner 2016, S. 265) – ganz abgesehen davon, dass sich der weniger personal konzipierte Kommunismus mit Führung in der Theorie schwer tat (Vierhaus 1964, S. 633), in der Praxis aber mit Leichtigkeit besondere Führer-Kulte entwickelte.

Besonders deutlich zeigen sich solche Differenz-Befunde im Wandel der Zeit. Beispielsweise lässt sich anhand der Geschichte der CDU zeigen, wie sich unter den Kanzlern von Adenauer bis Kohl die Macht verlagerte: von der Fraktion zur Partei (Kleinmann 1993, S. 354), spätestens bei Angela Merkel dann in den Koalitionsausschuss. Wie sich Funktion und Bedeutung des Kanzler-Amtes selbst veränderten, lässt sich wiederum an jenen Großen Koalitionen illustrieren, die dieses Adjektiv noch verdienten: von der verfassungsmäßigen Richtlinienkompetenz des Kanzlers blieb darin weitaus weniger übrig als unter Koalitionsregierungen, in denen klar zwischen einem Senior- und einem Juniorpartner zu unterscheiden war. Wer die Richtlinienkompetenz de jure beansprucht, hat sie de facto schon eingebüßt; nicht umsonst nannten viele Zeitgenossen Kurt Georg Kiesinger einen „wandelnden Vermittlungsausschuss", als Kompliment gemeint bei manchen, als Kritik bei anderen. Auch äußere Umstände verändern Führung und Akzeptanz von Führung; Helmut Schmidt, Gerhard Schröder und Angela Merkel agierten vornehmlich als Krisenmanager in Stagflation, Wirtschafts- und Staatsschuldenkrise. Es kommt eben auch auf die Umstände an, welche Führungsstile eine bestimmte Gesellschaft zu einer bestimmten Zeit prägen; Führung ist schließlich etwas Konkretes, nichts Abstraktes, das man untersuchen kann, indem man etwa spezifische Gruppen – hier: Parteichefs – mit Blick auf Ressourcen, Potential, Techniken und Restriktionen von Führung untersucht (Walter 1997, S. 1291). Stile reduzieren sich eben nicht auf individuelle Vorlieben, sondern kommen als spezifische Reaktionen auf die unmittelbaren Umstände zum Vorschein und zur Vorherrschaft.

Dazu gehören auch und gerade die Mechanismen hinter Führung, wie etwa derjenige, dass Führung seit jeher selbst als politisches Argument genutzt wird; das beste

Beispiel in der deutschen Geschichte dürfte ein berüchtigter Artikel im „Spiegel" sein, in dem sich der damalige SPD-Fraktionsvorsitzende im Bundestag, Herbert Wehner, anno 1973 von Moskau aus zitieren ließ. Seinem Kanzler Willy Brandt warf er vor, er „badet gerne lau – so in einem Schaumbad" (Wehner 1973, S. 27). Diese Diagnose von Führungsschwäche war zweifellos auch mit Eitelkeiten und Machtansprüchen verbunden (Baring 1982, S. 594 ff.), spiegelt aber gerade deshalb mehr wider als nur persönliche Rivalitäten: nämlich die Bedeutung von Führung als Gegenstand wie als Element der politischen Debatte, als Gummibegriff der tagespolitischen Auseinandersetzung.

Wer über Führung redet, redet oft darüber, wer führen sollte: mitunter direkt, mitunter indirekt – indem man ein Anforderungsprofil für Führung definiert, das unverkennbar an die Gesichtszüge bestimmter Politiker angepasst ist. Das braucht hier nicht im Detail entwickelt, aber im Prinzip gesagt zu werden. Genau darin besteht eine wesentliche Funktion von politischer Führung bzw. des Redens über politische Führung, das zugleich der Selbstvergewisserung ganzer Gesellschaften dient. In die Frage nach guter Führung schleichen sich oft heimlich andere Frage ein: etwa solche nach den jeweils erwünschten Tugenden oder auch Lastern (Ludwigs Erhard Zigarre galt als qualmender Schlot des Wirtschaftswunders, Gerhard Schröders Cohiba als Lunte der Arroganz), solche nach der Integration anderer Meinungen, nach Kulturen des Regierens, nach sozialverträglichem Zusammenleben, nach dem politischen System, nach dem Gemeinwohl, kurzum nach allem, was Zwecke und Mittel guter Politik als solcher seien. Debatten um politische Führung besitzen gewissermaßen einen diskursiven Sondercharakter – auch deshalb, weil sich in Führungserwartungen unter anderem normative Vorstellungen zum Beispiel über den Status von Interessen in der Politik verbergen: Responsivität kann bedeuten, die Anliegen der Bevölkerung immer wieder aktiv nachzufragen, aber eben auch, sich zum Agent laut orchestrierter Lobbygruppen machen zu lassen.

Wer bei Führung weniger an das Handwerk der Macht als an programmatische Visionen denkt, liegt wiederum auch nicht falsch. Wahrscheinlich braucht Führung einen gewissen utopischen Gehalt, ein attraktives Ziel, auf das sie verpflichtet ist. Aber Führung selbst zur heilsbringenden Utopie zu machen, verkennt ihren Status als eine unter vielen Variablen im politischen Geschehen. Vielleicht ist das nicht die unwichtigste Erkenntnis, die dieses Buch festigen helfen kann. Es versteht sich nicht als Betriebsanleitung für herangehende Machiavellisten, sondern als Denkanstoß für politische Akteure wie für Beobachter des Politischen.

Deshalb befasst es sich mit Grundzügen von Führung unter den Prämissen der parlamentarischen Demokratie, nicht mit den Details einzelner Führungs-Techniken, als da exemplarisch wären: Projektmanagement und Mitarbeiterführung, Rhetorik und PR-Arbeit, die Organisation eines Wahlkampfs oder die gezielte Etablierung neuer Formate im Umgang mit den Bürgern. Es widmet sich vor allem den mannigfachen Funktionen, die politische Führung und „politische Führung" haben. Seine Fragestellung ist nicht die essentialistische, was Führung sei, schon gar nicht über alle Zeiten hinweg – schon eher diejenige, was Führung unter den Bedingungen der parlamentarischen Demokratie bedeuten kann und soll, worin ihre Funktion besteht, wie sie gedacht und gemacht wird.

Also widmet es sich zunächst Elementen des Führens, grundsätzlich und angesichts der spezifischen Herausforderungen unserer Gegenwart; dieser erste längere Buchabschnitt umreißt handwerkliche Aspekte von politischer Führung und beschreibt deren eigentliche Funktion, die sich nicht in technokratischer Auftragsabwicklung erschöpft. Ein weiteres Kapitel widmet sich der notorischen Ambivalenz des Führens, kann Leadership doch Führung wie Verführung bedeuten; es skizziert das spezifische Profil von politischer Führung, deren Wesen in gemeinwohlbezogener Interaktion besteht. Schließlich erkundet der dritte große Abschnitt des Buches den Sinn des Führens – und wirft einen Blick auf Begründungsfiguren, die sich hinter unterschiedlichen Führungs-Konzepten verbergen, um am Ende den diskursiven Sondercharakter der „Führung" zu skizzieren, ihre Konstruktions-Weisen. Dass sie stets auch als politisches Argument verwendet wird, macht die Sache mit der Führung zugleich komplizierter wie einfacher.

2
Elemente des Führens: Politische Führung als Handwerk

Aus Sicht eines Führungsakteurs stellt sich politische Führung zunächst einmal als herausforderungsreiches Handwerk dar. Seine erfolgreiche Ausübung bedarf spezifischer Handgriffe, die es einzuüben gilt – von der Leitung einer Staatskanzlei über die Abstimmungsorganisation durch den „Chief Whip" der Fraktion bis hin zur Basisarbeit in den Ortsverbänden der Partei: „Führung ist die Arbeit der Macht" (Paris 2005, S. 20), und die kann gelegentlich äußerst hässlich anmuten, wenn man an verrufene Machtmaschinen wie die legendäre „Tammany Hall" der Demokratischen Partei in New York oder an so manchen Filz denkt, der auf kommunaler, Landes- oder Bundesebene gewachsen ist. Aristoteles hätte Führung wohl eine „Techne" genannt, eine der hervorbringenden Tätigkeiten des Menschen: im Idealfall theoretisch reflektiert, aber eben stets an den praktischen Vollzug gebunden.

Fasst man politische Führung schlechthin als „Kunst und Technik" (Hennis 1968, S. 162) auf, ist das Wesentliche bereits impliziert. Führungsfertigkeiten kann man prinzipiell erlernen, vor allem in der Ausübung: Politik ist kein exklusives Berufsfeld für Politikwissenschaftler. Natürliche Begabungen mag es geben, aber selbst sie bedürfen des Trainings. Auch das größte Genie kommt nicht umhin, beispielsweise elementare Abläufe des Wahlkampfs zu erlernen, die Fähigkeit zur überzeugenden Rede zu verfeinern oder Verhandlungstechniken zu verinnerlichen. Noch die genialsten Ideen bleiben wirkungslos, wenn sie auf ungeeignete Weise lanciert werden oder wenn sich bei ihrer Umsetzung die berüchtigten „handwerklichen" Fehler einschleichen. Wie mangelndes Management im Wahlkampf zum Desaster geraten kann, haben zuletzt exemplarisch die Bundestagswahlen der Jahre 2013 und 2017 gezeigt, insbesondere bei der SPD – umgekehrt etwa die aus einem Umfragetief spektakulär emporgestiegene Kampagne des Jahres 2005, was eine gelungene Koordination schon für den Moment zu bewirken vermag (Stauss 2017, S. 87 ff.). Wo es um handwerkliche Fehlgriffe geht, könnte man freilich ebenso gut an zerstrittene Koalitionen denken, die sich schlechter reden, als ihre eigenen Kompromisse es sind, oder an eine grotesk missglückte Verhandlungsführung bei einem Gipfeltreffen, oder an einen Präsidenten, dessen Personal schneller rotiert als seine eigenen Launen – auch dergleichen soll schon vorgekommen sein.

Aber Politik ist nicht nur eine Technik, sondern auch eine „Kunst des Möglichen". Dieses geflügelte Wort stammt wohl vom Historiker und Politiker Friedrich Christoph Dahlmann (siehe: Die Gegenwart. Wochenschrift für Literatur, Kunst und öffentliches Leben, Band 7, Nummer 6, 06. Februar 1875, S. 94) – und passt eher schlecht zum realpolitischen Pathos desjenigen, dem es meist zugeschrieben wird: Otto von Bismarck, der selbst in hitzigen Worten kühlem Kalkül folgte. Politik braucht tatsächlich Wirklichkeitssinn, aber wohl auch das, was Robert

Musil einmal „Möglichkeitssinn" genannt hat: die Fähigkeit, „alles, was ebensogut sein könnte, zu denken und das, was ist, nicht weniger wichtig zu nehmen als das, was nicht ist" (Musil 1978, S. 16). Selbst Helmut Schmidt hat seine legendäre Therapieanweisung, Visionäre sollten zum Arzt gehen, später für eine „pampige Antwort" erklärt, doch zugleich auf einer realistischen Zielsetzung bestanden (Schmidt und di Lorenzo 2012, S. 5); schließlich hielte die naheliegende Gegenfrage es vielmehr für pathologisch, keine Visionen zu haben. Aber die schönste Vision ist am Ende nur so gut wie ihre Umsetzung; sie muss ihren Platz im politischen Alltag finden, den Führung nun einmal zu bewältigen hat. Er erfordert kluge Organisation, die mit Orientierung im Informationsüberfluss einerseits und im Informationsmangel andererseits anhebt; zu Führung gehören neben großen Ideen und gelungenen Inszenierungen auch mannigfache kleine Routinen. Auf deren lange Liste müssten beispielsweise ein Berichts- und Kontrollwesen gehören, das den Überblick zu wahren hilft, eine weitsichtige Planung auch strategischer Prozesse, ein kompetentes Projektmanagement, ein respektvoller Umgang mit Menschen, mögen sie nun Nebensitzer im Bundeskabinett, Fraktionskollegen, Mitarbeiter, Wähler sein – oder gar Nicht-Wähler, die es ebenfalls durch zielgruppenspezifische Ansprache zu gewinnen gilt.

Die Wirkungsorte politischer Führung sind dabei ebenso vielfältig wie die Rollen, die einzelne darin spielen. Je nach Amt, je nach Zeit, je nach den Umständen unterscheiden sich die Aufgaben und die Spielräume, die Führung zu erfüllen respektive auszunutzen vermag; die Wahrnehmung gerade solcher Differenzen macht wohl selbst eine wichtige Führungs-Fähigkeit aus. Ein anerkannter EU-Parlamentspräsident muss noch lange keinen überzeugenden Spitzenkandidaten bei einer Bundestagswahl abgeben; ein scharfzüngiger Oppositionspolitiker kann als Außenminister an politischer Statur eher verlieren als gewinnen; ein brillanter Wirtschaftsminister wird nicht zwingend ein erfolgreicher Bundeskanzler; was zum erfolgreichen Schatzkanzler qualifiziert, mag zum Premierminister disqualifizieren.

Konzipieren, Koordinieren, Kommunizieren: Auf diese drei Aufgaben lassen sich die meisten konkreten Tätigkeiten in der Politik zurückführen – alles Weitere gehört im weitesten Sinne zu den Durchführungs- und Verwaltungsaufgaben. Fachkompetenz in spezifischen Politikfeldern lässt sich in der Regel nachrüsten, wie man an manchen Ministerkarrieren quer durch diverse Ressorts sehen kann: Hans-Dietrich Genscher war zuerst Innen-, dann Außenminister, Franz Josef Strauß amtierte als Atom-, Verteidigungs- und Finanzminister, Georg Leber wechselte nahtlos vom Verkehrs- in das Verteidigungsministerium. Für fachliche Recherchen oder für das Verfassen von Gesetzestexten etc. gibt es ebenso Experten, an die ein Minister die entsprechenden Aufgaben delegiert, wie für viele andere Aspekte des Tagesgeschäfts; es kommt eher darauf an, die richtigen Spezialisten zur richtigen Zeit heranzuziehen. Für vieles andere gibt es wohl kein Erfolgsrezept, wahrscheinlich auch keine besonders erfolgsträchtigen Persönlichkeitsmerkmale. Introvertierte Bundeskanzler gab es ebenso wie extrovertierte, jähzornige Fraktionsvorsitzende ebenso wie stoische, ironische Bundespräsidenten ebenso wie schwermütige, intellektuelle Ministerpräsidenten ebenso wie derb auftretende, selbstgefällige Parteivorsitzende ebenso wie gänzlich uneitle. Aus diesen Ausnahmen lässt sich kaum eine Regel bilden.

Politik ist ein Panoptikum des Menschlichen – im Guten wie im Schlechten, im rapiden Auf und Ab des politischen Moments. Ihr Modus besteht oft eher in Reaktion als in Aktion, wie zuletzt Nahaufnahmen des politischen Geschehens gezeigt haben (etwa: Feldenkirchen

2018, S. 192). Für politische Führung gilt cum grano salis, was man für Führung generell sagen kann: „In jedem Menschen schlummert ein ungenutztes Potenzial natürlicher Leadership-Qualitäten, das nicht ausgeschöpft ist" (Carrel 2010, S. 377). Nicht alle können alles, aber jeder kann etwas: der eine entwickelt programmatische Visionen, der andere sorgt für die Umsetzung, der eine hält glänzende Reden, der andere zieht emsig Strippen, der eine betreibt scharfe Profilzeichnung, der andere verhandelt diskret Kompromisse. Nur weiß man weder in der Politik noch in anderen Sektoren immer genau, welche persönliche Qualitäten und handwerkliche Fertigkeiten in welcher Position in welchem Moment am ehesten gebraucht werden; ein exaktes Anforderungsprofil für Politiker lässt sich meist erst im Nachhinein und vor allem im Fall des Scheiterns erkennen. Der liberale Staatsrechtler Hugo Preuß, Vater der Weimarer Verfassung, hat schon im Jahre 1915 auf ein ähnliches Dilemma aufmerksam gemacht und das Auswahlproblem für herausgehobene Positionen in der Verwaltung weniger in Patronagemechanismen oder Ehrgeiz vermutet als „vielmehr in der völligen Unmöglichkeit, die heute unübersehbare Vielgestaltigkeit der Verhältnisse und der Menschen von oben her zu meistern" (Preuß 1926, S. 105).

In politischen Ämtern tritt eine weitere Schwierigkeit hinzu, nämlich die Klugheitsregeln der Machtpolitik; jede Postenvergabe folgt auch formellen sowie informellen Proporzregelungen und Macht-Kalkülen wie demjenigen, bisherige Rivalen in die Kabinettsdisziplin einzubinden oder beispielsweise durch die scheinbar ehrenvolle Beförderung in aussichtslose Ministerien (besonders beliebt in Deutschland: das Verteidigungsministerium) zu entmachten. Fachliche Qualifikation ist meist eher Zufallsnutzen als Voraussetzung für herausgehobene Ämter.

Man kann dieses Rekrutierungsdilemma sogar noch vertiefen, und zwar beim Eindringen in die mannigfachen Interaktionen in der Politik. Es umfasst Sympathien und Antipathien, weit jenseits (partei-)politischer Positionen. Saumagen schmeckt nicht allen. Kleine persönliche Kontingenzen können große Wirkungen entfalten. Wer die Idealbesetzung für Verhandlungen mit Präsident Obama war, wird mit dessen Nachfolger vermutlich weniger gut zurechtkommen – beide zugleich erfolgreich ansprechen zu können, ergäbe womöglich ein schizophrenes Anforderungsprofil. Umgekehrt machte der Wechsel von Margaret Thatcher auf John Major komplexe europäische Verhandlungen wohl nicht nur in der Sache, sondern auch zwischenmenschlich einfacher. In manchen Situationen zählen Charaktereigenschaften ohnehin mehr als bloße Verstandeskraft. Es menschelt in der Politik, leider und zum Glück; mitunter wächst persönliche Nähe gegenläufig zu politischen Überzeugungen oder umgekehrt. Das eklatant schlechte Verhältnis zwischen den Partei-Verwandten Helmut Schmidt und Jimmy Carter einerseits, das harmonische zwischen den programmatischen Antipoden Helmut Kohl und François Mitterand oder später auch Michail Gorbatschow andererseits stehen paradigmatisch dafür – jeweils wiederum als Teil eines persönlichen Führungsstils, der sich wiederum auch aus dem Kontext ergab (Fröhlich 2001, S. 122), aber eben nur wirksam in der jeweiligen Gesamtkonstellation.

Auch jene Fälle, in denen hochgelobte Politiker in neuen Ämtern scheitern oder in denen unterschätzte auf einmal reüssieren, verstärken den aphoristischen Befund: „Es gibt keinen Test für die Eignung zur politischen Führung" (Gross 1985, S. 126) – schon ob des vielfach unscharfen, situativen und mitunter gar paradoxen Anforderungsprofils; nicht nur in der Politik ist Führung als komplexe, wechselseitige Beziehung stets auch situativ und strukturell gebunden (Avolio u.a. 2009, S. 422). Dazu kommt noch eine andere Schwierigkeit. Lord Acton, der sich um 1900 um die korrumpierende Wirkung von Macht sorgte, hat das Auswahldilemma auf den Punkt gebracht: „Es ist nun einmal so, daß Erziehung, Intelligenz und Reichtum eine Sicherheit gegen gewisse Verhaltensfehler sind, nicht gegen Irrtümer der Politik. Man stelle sich einen Kongreß von bedeutenden Berühmtheiten vor wie Morus, Bacon, Grotius, Pascal, Cromwell, Bossuet, Montesquieu, Jefferson, Napoleon, Pitt etc. Das Ergebnis wäre eine Enzyklopädie des Irrtums" (Acton 1913, S. 73).

Dass selbst aus prinzipieller Eignung nicht zwangsläufig das Gemeinwohl folgen müsse, hat Immanuel Kant einst zum Befund verdichtet: Sobald Philosophenkönige regierten, seien sie eben darum keine Philosophenkönige mehr – weil Mechanismen und Versuchungen der Führung sie in ihrem Wesen veränderten (Kant 1983, S. 228). Damit ist gemeint, was landläufig als „Abheben" gilt: wenn Amtsträger im Laufe der Zeit den Kontakt zu dem verlieren, was vielen ihrer einstigen Anhänger als Wirklichkeit begegnet. Es gibt kaum einen Politiker, dem das nicht irgendwann einmal nachgesagt worden wäre, im Einzelfall mehr oder weniger zutreffend. Aber bereits die schiere Existenz des Topos spricht dafür, dass es hier um ein Kernanliegen von Politik geht: nämlich um die Distanz zwischen Herrschern und Beherrschten.

Zu volksnah kann Demokratie ihrem Selbstverständnis nach gar nicht sein, in ihr als gerechter Regierungsform „müssen mit Macht und Verantwortung ausgestattete Positionen jedermann zugänglich sein" (Rawls 1979, S. 82). Diese Vorgaben und Vorstellungen machen das Ideal des kompetenten Seiteneinsteigers so verführerisch, den seine Sachkunde auszeichne oder wenigstens sein gesunder Menschenverstand. Aber sie gebricht oft an der Praxis. Die viel geschmähte „Ochsentour" fungiert letztlich als

„Äquivalent zu einer vorgeschriebenen Berufsausbildung" (Gruber 2009, S. 240); zudem prüft sie die Loyalität des einzelnen zu Partei und Parteiprogramm ab. Der liberale Historiker Hermann Baumgarten zog bereits nach dem Scheitern des Liberalismus im Deutsch-Deutschen Krieg von 1866 den selbstkritischen Rückschluss: „Staatsmänner aber werden so wenig im späteren Alter improvisiert als tüchtige Mediziner, Juristen und Philologen" (Baumgarten 1974, 45). Damit rührte er an eine prinzipielle Herausforderung, sind fachlich noch so kompetente Seiteneinsteiger doch mit komplizierten Mechanismen des politischen Betriebs oft unvertraut (Lorenz und Micus 2009, S. 497 f.); sie stoßen auch deshalb rasch an Grenzen, weil ihr Status als „Experte" teilweise selbst ein Medienphänomen darstellt und sich in der rapiden Veränderung des Fachwissens schneller auflösen kann, als entsprechende Beschlüsse durch alle Instanzen getragen werden können – zumal sich gerade in der Planungseuphorie der 1960 und 1970er Jahren gezeigt hat, dass ein „bezwingender Konsens" im Namen der Experten kaum gelingen kann (Lübbe 2004, S. 152); Gerhard Schröder hat sogar einen ganzen Wahlkampf höchst erfolgreich damit bestritten, einen „Professor aus Heidelberg" zu bespötteln, am ansonsten dezidiert intellektuellenfreundlichen Ludwig Erhard ist die vehemente Kritik an politisch aktiven Poeten als „Pinscher" hängen geblieben, ebenfalls aus Wahlkampfzeiten.

Doch in der Schwierigkeit, für meist unabsehbare Herausforderungen den „richtigen" Führer zu finden, erschöpft sich das Dilemma keineswegs. Zum Problem der Auswahl kommt ein solches der Rekrutierung. Systematische Personalplanung kann innerhalb von Parteien und Ministerien gelingen, etwa durch Nachwuchsorganisationen und eine professionelle Führungskräfteentwicklung, stößt jedoch schon innerhalb von

Fraktionen oder Vorstandsgremien rasch an Grenzen; es existieren keine Ausschreibungsunterlagen für bestimmte Positionen, die Personalplanung unterliegt unter anderem den erwähnten Proporzen, von der regionalen Herkunft über den Parteiflügel bis hin zum Geschlecht (und in früheren Zeiten, denkt man an die Ämtervergabe in der Union aus CDU und CSU, zum Beispiel sogar der Konfession). Letztlich bestimmen nicht Fähigkeiten oder Aufgaben, wer in welche Ämter gelangt, sondern die Wähler respektive das Parteien-Kalkül darauf, was der Wähler wünsche. Was aus Rekrutierungssicht einen Nachteil hat, hat systematisch wiederum einen Vorteil – pointiert gesagt: Demokratie leistet „die beste Führerauslese", weil sie die breiteste Basis nutzen kann (Kelsen 2006b, S. 25).

Nur eine Eigenschaft, die zu Führungsämtern qualifiziert, lässt sich wohl eher unkontrovers festhalten: „Der Kanzler muß in der Lage sein, auch unter starker physischer und psychischer Belastung das Staatsschiff sicher zu leiten" (Carstens 1971, S. 117), hat der vormalige Chef des Bundeskanzleramtes und späteres Bundespräsident Karl Carstens einmal angemerkt. Die psychische Belastungsfähigkeit dürfte die wichtigere sein, wenn man an Persönlichkeiten mit physischen Handicaps wie Franklin D. Roosevelt oder Wolfgang Schäuble denkt. Jenseits dessen hören die Gemeinsamkeiten indes rasch auf; beispielsweise mag man eine besondere rhetorische Begabung für ein hervorstechendes Merkmal von erfolgreichen Führern halten, gerät dann jedoch in Erklärungsnot, warum ausgerechnet jene drei Bundeskanzler, die nicht einmal ihre leidenschaftlichsten Anhänger als fulminante Redner wahrgenommen haben, sich am längsten im Amt behaupten konnten – Konrad Adenauer, Helmut Kohl und Angela Merkel. Derlei ließe sich wohl bei allen vermeintlich wesentlichen Führer-Eigenschaften anführen. Dass man unter Politikern aller Parteien höchst unterschiedliche Charaktere findet, die allesamt auf ihre Weise mehr oder weniger erfolgreich führen, sollte zusätzlich vor einer Reduktion auf einen besonderen Typus warnen.

Ohnehin besteht selbst ein großer Teil dessen, was landläufig als individuelles Charisma gilt, aus einstudiertem handwerklichem Geschick: Mahatma Gandhi hatte jahrelange Erfahrungen in der südafrikanischen Politik gesammelt, ehe er die Führung des Indischen Nationalkongresses übernahm, Abraham Lincoln hatte das emphatische Plädoyer vor Gericht und in einem Debattierclub erlernt, ehe er in die Politik eintrat. Neigung zur Bierzeltrede mag noch eine Persönlichkeitsfrage sein, zugegeben. Doch selbst ein rhetorisches „Naturtalent" muss lernen, wie man eine überzeugende Ansprache strukturiert, und wissen, mit welchen Kniffen man das Publikum für sich gewinnt. Übung macht den Meister. Das erstreckt sich auch auf sogenannte geborene „Führungspersönlichkeiten", die schon in jungen Jahren hohe Posten erreichen. Sie profitieren einerseits gewiss von individuellen Begabungen und davon, dass diese Begabungen von anderen erkannt werden und sich in deren Interessen-Kalküle fügen. Andererseits verdanken sich gerade spektakuläre Karrieren einem keineswegs zufälligen Effekt: Wer früh in ein prominentes Amt gelangt, kann in eben diesem Amt praktische Erfahrungen sammeln, die er seinen Altersgenossen und sogar Älteren voraushat, und vor allem ein dichtes Netzwerk knüpfen – Helmut Kohl war mit gerade einmal 33 Jahren Vorsitzender der CDU-Landtagsfraktion in Rheinland-Pfalz, seine späteren Rivalen Franz-Josef Strauß und Rainer Barzel mit 38 Jahren jeweils schon Bundesminister, Hans-Jochen Vogel mit 34 Jahren bereits Münchener Oberbürgermeister, Guido Westerwelle mit lediglich 33 Jahren FDP-Generalsekretär.

Keiner der Besagten hat Führung außerhalb seiner Führungsämter „erlernt", geschweige denn studiert. Derlei Training-on-the-job kann man unprofessionell nennen.

Aber es lässt sich nicht durch Fortbildungsseminare ersetzen – und wahrt eine gewisse Flexibilität. Denn Politikwandel ist fast immer auch mit einem Wandel des Personals verbunden; daher rührt der gefeierte Übergang zur neuen Führung, freilich auch die Bedeutung des klassischen Bauernopfers, um eine instabile Regierung zu retten (mitsamt der ihr eigenen Absurdität: Gerade in Krisenzeiten, in denen man sich einerseits einen Austausch wichtiger Akteure zutiefst wünschen mag, mutet ein solcher Austausch andererseits besonders riskant an, weil die Zeit fehlt, die Nachfolger zunächst zur Einarbeitung bräuchten).

Dieser Zusammenhang, der glänzende Karrieren rapide eröffnen und abrupt beenden kann, wird oft unterschätzt. Er wird den Handelnden oft nicht gerecht, hat aber eine wichtige Funktion: Politik vermag so auf gesellschaftlichen Wandel bisweilen schneller und flexibler zu reagieren als akademische Dogmen. Weil praktische und machtpolitische Anforderungen an politische Führung ständig dem Wandel unterliegen, prallen standardisierte Führungs-Konzepte an der Wirklichkeit ab. Letztere fordert Flexibilität, prämiert sie indes nicht immer. So hat die FDP in den 2000er Jahren ihre Führungsweise binnen zehn Jahren mehrmals an neue Kontexte angepasst und ist von einer „dualen" über eine „individuelle" zu einer „kollektiven" Parteiführung gelangt (Treibel 2014, S. 240–242).

Am Professionalisierungs-Enthusiasmus kann zudem misstrauisch stimmen, dass diese Betrachtungsweise allerlei Nutznießer hat. Unzählige „Leadership"-Programme leben davon, mittlerweile auch im politischen Raum, eigene Zeitschriften von „Leadership Quarterly" bis hin zum „Journal of Values-Based Leadership", Autoren von mannigfachen Handbüchern und Praxisratgebern sowie Heerscharen von Coaches. Gerade das New Public Management hat privatwirtschaftliche Denkweisen, Abläufe und Prozesse an den Staat herangetragen; eigene Studiengänge wie die mannigfachen „Master of Public

Administration" versprechen Know-how für den Alltag in Verwaltung und Politik, ebenso kommerzielle Professional Schools – auf allen Seiten, spezialisieren sich manche Programme doch sogar auf spätere Tätigkeiten in Nichtregierungsorganisationen oder Non-Profit-Organisationen. Während insbesondere kommunalpolitische Ämter wie Bürgermeisterposten oft von Absolventen der Verwaltungshochschulen versehen werden, bekleiden Politikwissenschaftler oft Schnittstellen in Parteien und Verbänden. Auch Parteien und Parteistiftungen wissen den Boom der Führung zu nutzen: indem sie unzählige Qualifizierungs- und Fortbildungsangebote anbieten und bisweilen ganze Curricula erstellen, die sowohl ehrenamtliche als auch hauptamtliche Politiker ansprechen sollen, oder Fortbildungsakademien betreiben; die Schulung von Mitgliedern und Mandatsträgern erstreckt sich bis auf die kommunale Ebene.

Es geht hier nicht um die systematische Erfassung solcher Aktivitäten, sondern um das Prinzip der Professionalisierung. Es rührt nämlich an ein demokratisches Grundproblem, an ein altbekanntes. Der Staatswissenschaftler und Politiker Robert von Mohl hat schon in den 1860er Jahren „Führer" als „Parteihäupter" und „Parteiführer" beschrieben, wiederum unterteilt in „Theoretiker", „praktische Staatsmänner" und „laute Stimmführer" mit Massenwirksamkeit, „welche die von Anderen gefundenen Gedanken und formulirten Sätze oder die ohne sie gefassten Plane tüchtig ausbeuten" (Mohl 1966, S. 246 f.). Mohl sorgte sich damals um Berufspolitiker, die ihren Wissensvorsprung zur Machterhaltung einsetzten, um moderne Machiavellisten, die keine politischen, sondern letztlich nur eigene Ziele verfolgten; seine Befürchtungen unterschiedenen sich teils erheblich, teils kaum von denjenigen seines Zeitgenossen Karl Marx – der den französischen Kaiser Napoleon III. seinerseits als Prototyp des bourgeoisen Volksverführers präsentierte, dem das Volk zu seinem eigenen Übel auch noch vertraue: „Nie hat ein Prätendent platter auf die Plattheit der Massen spekuliert" (Marx 1969, S. 155).

Diese Gefahr ist nicht geschwunden. Bis in die Gegenwart findet sich Literatur, die zu beliebigen Zwecken passende Führungsinstrumente empfiehlt – in der Tat sind solche Methoden ja zunächst einmal Mittel zur Machtsicherung. So kann man beispielsweise lernen, dass Triangulation eine wichtige Führungsleistung sei, um Wähler anderer Parteien anzuziehen (Morris 2002, S. 90). Derartige Klugheitsregeln verdienen Beachtung, bleiben inhaltlich allerdings indifferent. Souveräne Orientierung auf den diversen Politikfeldern folgt aus dergleichen nicht, wohl aber ein Bedenken: Führung kann einem Gemeinwesen schaden, wenn sie in die falsche Richtung lenkt. Als Technik ist sie zunächst indifferent und mag ein manipulatives Element beinhalten, wie kontroverse Debatten um „Postdemokratie" (siehe: Ritzi und Schaal 2010) oder „Nudging" zeigen. Rasch beginnt der Machtrausch mit seinem ganz eigenen Grusel, wie ihn zuletzt etwa die amerikanische Serie „House of Cards" publikumswirksam inszeniert hat: indem sie schildert, wie es ein sogar vor Mord nicht zurückschreckender Intrigant es zum Präsidenten der USA bringt, den dann seine nicht minder intrigante Frau im Amt ablöst.

Irritierende Eindrücke bleiben freilich auch diesseits der Fiktion, etwa wenn ein erfahrener Politiker in gewiss wesentlich ehrenvollerer Absicht resümiert: „Es geht nicht darum, das Populäre zu machen, sondern das Richtige zu tun. Und dann muß man dafür sorgen, daß es populär wird. So funktioniert politische Führung" (Westerwelle 2010, S. 26 f.). Solche Zitate drücken die Ambivalenzen der Professionalisierung in der Politik aus. Einerseits ist leicht zu begründen, warum politische Führung professionell betrieben werden sollte, vom Umgang mit Inhalten sowie insbesondere mit Menschen (soziale Medien eingeschlossen) bis hin zur erfolgreichen parlamentarischen Umsetzung politischer Vorhaben; auch Politik braucht Routine und stabile Strukturen. Entsprechende Erfahrungen der Weimarer Republik und des Dritten Reiches leiteten den Parlamentarischen Rat an – viele Zeitgenossen misstrauten gerade dem „common man", der zur Entstehung der NS-Diktatur beigetragen habe, und setzten ihre Hoffnungen auf eine kompetente politische Elite (Lammersdorf 2005, S. 93 f.). Andererseits widerspricht es dem Wesen demokratischer Politik zutiefst, den „Amateur" aus dem politischen Betrieb herauszuhalten und Hürden zu errichten, über die nur „Profis" zu springen vermögen. Wenn eine Mehrheit der Bevölkerung den Eindruck bekommt, nur eine wie auch immer qualifizierte Minderheit (also: eine Elite) könne in Führungspositionen gelangen, leidet unweigerlich ihre Identifikation mit der Gesellschaft und ihre Bereitschaft zum Engagement.

Politik lebt von gleichem Ämterzugang und auch von personeller Erneuerung. Deshalb wirken Vorbehalte gegen Schulungen, die politische Führung professionalisieren sollen, zumal in Zeiten berechtigt, in denen allenthalben ein Rückgang des politischen Engagements beklagt wird, jedenfalls in den politischen Parteien. Ein skeptischer Einwand gegen systematisch organisierte Fortbildungsmaßnahmen ist manifest: Sie vergrößern die Gefahr, dass sich eine „politische Klasse" oder gar „Kaste" mit besonderen Fähigkeiten immer weiter von der Gesellschaft entfernt – weil jeder Professionalisierungsschub es Laien noch schwerer macht, souverän auf dem politischen Feld zu agieren (Richter 2011, S. 116); indem sich auch Politiker selbst als professionelle Politiker verstehen, lassen sich andere leicht als Dilettanten markieren (Beyme 1993, S. 122 f.). Kurzum: Wie jedes Handwerk lässt sich auch Führung für schlechte Zwecke nutzen. Das spricht aber nicht gegen das Handwerk, sondern gegen die Gesinnung einzelner Handwerker: Strippen ziehen, Mehrheiten organisieren und desgleichen kann man zugunsten oder zulasten des Gemeinwohls. Ohnehin lässt sich eine Professionalisierung der Politik respektive in der Politik in puncto Führung schwerlich untersagen.

Daher wäre es bei aller Skepsis wiederum eine absurde Forderung, Politik aus Prinzip unprofessionell zu gestalten. Vielmehr bieten diverse Schulungen die Möglichkeit, das Handwerk der Führung zu erlernen: erstens systematisch, zweitens jenseits bloßer Nachahmung und jenseits eigenen Erlebens – Fortbildungen machen manche Politikarenen und Politikfelder überhaupt erst zugänglich. Daraus kann man ein Plädoyer für Professionalisierung ableiten: wie man Wahlkreisarbeit und kompetente Sachpolitik gestaltet, ist eben kein Mysterium (Pfaff 2013, S. 93), sondern auch Routine, zu der Politik freilich nie ganz erstarren darf. In Fortbildungen vermögen Spätberufene zu kompensieren, was sie nicht in langen politischen Berufsjahren haben erwerben können; insbesondere Quereinsteiger können auf diese Weise ihr Erfahrungsdefizit ausgleichen. Ein buntes Programm gehört dazu: von Einführungen in die Eigenheiten des politischen Systems und der politischen Verfahren über Schulungen in Verhandlungsmethoden und Rhetorik bis hin zu groß angelegten Planspielen zur Simulation politischer Prozesse.

Eines der wesentlichen Elemente dabei dürfte sogar die schlichte Einsicht bedeuten, dass politische Führung ein Phänomen sui generis darstellt. Trotzdem kann man einiges aus der Wirtschaft und anderen Sektoren lernen, ohne sich dem pauschalen Vorwurf einer „Ökonomisierung" auszusetzen. Die Erstellung einer klaren Agenda, die systematische Frage danach, was für ein Unternehmen gut und richtig sei, die Einrichtung konkreter Aktionspläne, die Zuordnung von Verantwortlichkeiten, eine intensive Kommunikation, die Abwägung von Chancen und Risiken, eine effektive Sitzungsgestaltung, ein Denken im „Wir" (Drucker 2004): Wer würde behaupten wollen, dass derlei Erfolgsfaktoren in der Politik irrelevant wären? Und wer würde der Beobachtung widersprechen wollen, dass sich selbst in der Wirtschaft keine lineare Entwicklung von Führungsstilen beobachten lässt (Uhl 2010, S. 245), sondern eher ein kunterbuntes Wechselspiel?

Die Elemente des Führens ändern sich im Verlauf der Zeit ebenso wie die Erwartungen gegenüber Führung. Das erste der drei folgenden Unterkapitel deutet die spezifischen Anforderungen an, denen Führung im Zeitalter der Globalisierung und Digitalisierung begegnen muss, auch im Zeitalter zunehmend heterogener Gesellschaften. Das zweite widmet sich dem, was sich über die Zeitläufe hinweg gewissermaßen als Kern politischer Führungsleistung beschreiben lässt, als alte, indes nicht veraltete Aufgabe von Politik: das nötige „Tagesintegrationswerk" (Korte und Florack und Grunden 2006, S. 392) zu leisten und zugleich das Denken über den Tag hinaus zu ermöglichen. Führung erweist sich so drittens vor allem als Kommunikationsprozess, an dem viele mitwirken: nicht nur die Führenden selbst.

2.1 Neue Rahmenbedingungen: Herausforderungen der Gegenwart

Wir leben in einem Zeitalter der Ungewissheit, so viel ist gewiss. Alles scheint in den letzten Jahrzehnten und Jahren volatiler geworden zu sein. Politik, Wirtschaft, Gesellschaft und Kultur stehen im Zeitalter des beschleunigten

Wandels (Rosa 2004). Die omnipräsente Digitalisierung ist zugleich Faktor wie Indikator rapider Verschiebungen, die auch das politische System erfasst haben; in den letzten Jahren hat vor allem der rasante Aufstieg neuer Parteien, die man getrost als populistisch bezeichnen kann, die westlichen Demokratien erfasst – während sich andernorts Autokratien gefestigt haben, im Falle Russlands sogar gepaart mit außenpolitischer Aggression.

Daraus ergeben sich wenigstens zwei prinzipielle Rückfragen: eine inhaltliche, welche überzeugenden Visionen die etablierten Demokratien und Parteien allzu billigen Heilsversprechen entgegenzusetzen haben, aber auch eine prinzipielle. Führung könnte zwar ein wirksames Rezept gegen Populismus sein, aber stellt womöglich zugleich dessen Erfolgsgeheimnis dar: Seit einigen Jahren reüssieren Akteure, die sich als Anti-Politiker inszenieren, mehr oder minder charismatische Individuen, die mit griffigen Slogans enorme Wahlerfolge erzielen. Das führt zu Phantom-Schmerzen und zur eigenartigen Sehnsucht zurück nach konfliktgeladenen Zeiten, die neuerdings zu politischen Idealdiskursen verklärt werden: früher, so geht mitunter die Fama, mit Franz-Josef Strauß und Herbert Wehner, wurde leidenschaftlicher gestritten.

Gewiss war früher mehr Lametta, aber eben auch mehr politischer Flurschaden: Die damals üblichen Beschimpfungen und Buhrufe werden in der Rückschau gerne ausgeblendet. Ähnliches gilt für die „führungsstarke", straffe Regierungsweise, wie sie etwa Bundeskanzler Adenauer gegenüber politischen Freunden, Feinden und Parteifreunden praktizierte. Was in den 1950er Jahren offenkundig höchst erfolgreich verlief, funktionierte schon am Anfang der 1960er Jahre nicht mehr, wie das zähe letzte Drittel seiner Amtszeit belegt; auch die oft verklärte Kanzlerschaft Helmut Schmidts, deren Grundtenor bisweilen als Kommandoton erklang, dürfte heute kaum wiederholbar sein – während Willy Brandt damals eher für „kollektive" Lösungen warb, insistierte der damalige Minister Schmidt in einem Brief an seinen Bundeskanzler im Dezember des Jahres 1970 darauf, „daß auch ein politisches Spitzenteam *bisweilen* der Führung durch *einen* bedarf" (Brandt und Schmidt 2015, S. 331: Hervorhebungen im Original).

Brandt und Schmidt setzten auf diese Weise übrigens gleich zwei Führungs-Akzente in ein und derselben Partei, Herbert Wehner als drittes Mitglied der legendären SPD-Troika der 1970er Jahre sogar noch einen weiteren. Zu den Bedingungen der Politik gehören eben auch persönliche Konstellationen, aus denen sich ein vielfältiges Führungs-Angebot ergibt. Parteien sind selten One-Man-Shows, und wo sie es sind, ist ihnen das langfristig selten gut bekommen. Einerseits lassen sich Charaktere nicht klonen, andererseits eben auch nicht die Umstände, unter denen sie Wirkung entfalten können, einzeln wie gemeinsam. Wer ein überzeitlich gültiges Führungs-Konzept sucht, prallt an der historischen Wirklichkeit ab. Führung ist kontextabhängig, Patentrezepte verfangen nicht. Wer sich Adenauer zum Vorbild nimmt, muss neben seinem effizienten Staatssekretär Hans Globke und treuen Fraktionsvorsitzenden im Bundestag die zeitgenössische Vorliebe für das Patriarchat einkalkulieren; wer Helmut Schmidts straffe Führung preist, muss die eben besagte Aufgabenteilung mit Willy Brandt bedenken; dass Barack Obamas Stern für viele so hell am Firmament der US-amerikanischen Politik prangt, hat viel mit schwarzen Löchern seines Vorgängers und noch mehr seines Nachfolgers zu tun; wer John F. Kennedy als charismatischen Führer würdigt, bedenkt nur selten die gravierenden innen- und außenpolitischen Fehleinschätzungen, die sein engster Zirkel hegte, etwa mit Blick auf Vietnam – ganz zu schweigen von der ausbleibenden Emanzipation der Schwarzen, die erst sein weitaus weniger glamouröser Nachfolger Lyndon B. Johnson forcierte: unter Nutzung seiner Verhandlungserfahrungen als politischer Makler, die er sich in langen Jahren im US-Senat angeeignet hatte, das „Johnson-Treatment" hat es seinerzeit sogar zum geflügelten Wort für stundenlange Überredungs-Versuche in allen Tonarten auf Abstand nicht einmal einer Nasenlänge gebracht (Evans und Novak 1966, S. 104 f.).

An weiteren Beispielen herrscht kein Mangel, auch nicht an satirisch angehauchten medialen Verarbeitungen wie den BBC-Serien „Yes Minister" aus der Ära Margaret Thatchers oder „The thick of it" aus der Ära Tony Blairs, in denen der Beamtenapparat beziehungsweise ein gewiefter Spin-Doktor Minister und Premierminister fest im Griff haben. Keine Führungsweise hat nur Vorteile, und keine Führungsweise lässt sich überall anwenden. Zu unterschiedlich sind schon die Rahmenbedingungen. Mehrebenensysteme zwingen den Regierungschef – so in Deutschland als „Paradebeispiel für einen Verbundföderalismus, der stärker auf die Kooperationen zwischen den staatlichen Ebenen setzt" (Funk 2010, S. 30), oder in der Europäischen Union – zu einer kompromissorientierten Vorgehensweise, das Verhältniswahlrecht braucht andere Parteistrategien als das Mehrheitswahlrecht etc. Solche „harte" Fakten wiederum sind in „weichen" Faktoren eingehegt, gehören zum Bereich „ungeschriebener Regeln" (Helms 2009, S. 380). Sie bestehen zum Beispiel darin, dass sich in den westlichen Demokratien höchst unterschiedliche Kulturen herausgebildet haben: darunter solche des Konsenses oder aber des Konflikts (Sebaldt 2010, S. 351 f.), auch andersartige Rede- und Argumentationskulturen. Sie stehen wiederum im Wandel der Zeitläufe. Gerhard Schröder inszenierte sein etwas präpotentes jugendliche Rütteln – „Ich will hier rein" – am Zaun des Bonner Kanzleramts als von den Medien gerne kolportierten Beweis, wie ausdauernd, zielorientiert und ehrgeizig er sei; Journalisten machen daraus gerne ein Spiel, in dem sie Spitzenpolitiker fragen, ob sie sich das Kanzleramt zutrauten.

Ganz anders hatte noch Theodor Heuss im Jahre 1949 in seiner Antrittsrede als Bundespräsident auf den Vorwurf eines fehlenden Durchsetzungswillens reagiert, und zwar mit dem Satz: „Ich selber habe das Gefühl: von der Ellbogenpolitik haben wir reichlich genug gehabt" (Heuss 1965, S. 89) – ein sehr deutscher Satz, bei dessen Lektüre zugleich Grenzen der Übertragbarkeit von Mechanismen von einem System in das andere deutlich werden. Wer die amerikanischen Vorwahlen importieren möchte, wird sie nicht ohne Polarisierung bekommen können: Der für deutsche Parteien bislang so bedeutsam einheitliche Auftritt zerfiele in einer Kandidatenaufstellung nach dem Muster der USA (Siefken 2002, S. 546), die in Deutschland im direkten Vergleich tatsächlich dominierende Sachorientierung im Wahlkampf (Schmücking 2015, S. 349) schwände wohl auch.

Solche Kulturen, solche Umstände wandeln sich eher über lange als über kurze Frist. So waren selbst die Kaiser des Römischen Reiches deutscher Nation in der Frühen Neuzeit gut beraten, ihre Interessen nicht allzu offensiv zu vertreten, ebenso wie die damaligen Reichsstände; weil Beschlüsse die Zustimmung aller drei Kurien des Reichstages voraussetzten, sodass Kooperation und Konsens entscheidende Voraussetzungen für politische Stabilität wurden – und im föderalen System des Bundesrepublik bis heute geblieben sind. Straffe Führung war dabei nicht vorgesehen, allerdings auch keine scharfe Widerrede; teils rührt daher die langfristig schwierige „Legitimität von Opposition" in Deutschland (Oberreuter 1993, S. 62). Sogar die Legitimität von Führungswillen schwankt über die Zeit. George Washington, um ein ganz anderes Beispiel zu geben, verdankte seine Popularität als amerikanischer

Präsident nicht zuletzt seiner Beteuerung, auf gar keinen Fall in dieses Amt gelangen zu wollen. Donald Trump hingegen ist eher wegen seines ostentativ rücksichtslosen Machtwillens zur Präsidentschaft gelangt.

Auch Führung lebt von Voraussetzungen, die sie selbst nicht schaffen kann. Politik kann Prozesse des Wandels prägen, wird aber auch von ihnen geprägt. Die Beispiele für politische Führung, die an diesen Umständen dauerhaft etwas zu ändern vermocht hat, sind erstens selten und zweitens meist allzu heroisch dargestellt. „Mehr Demokratie wagen", mit diesem Anspruch trat im Jahre 1969 die sozialliberale Koalition an – deren Unterstützer bisweilen später Helmut Kohl den fingierten Vorwurf machten, eine „geistig-moralische Wende" herbeiführen zu wollen, von der Protagonisten der neuen Regierung freilich nie geredet hatten (Hoeres 2013, S. 109). Schon das Zustandekommen der jeweiligen Regierungen war indes Ausdruck des gesellschaftlichen Wandels, der dann auch koalitionär und gesetzgeberisch besiegelt wurde. Insofern stellen alle Führungsideale und Führungsweisen immer zugleich einen Spiegel der Verhältnisse dar. Das gilt auch im Digitalzeitalter weiterhin.

Dieser Wandel hat eine kollektive Ebene sowie eine individuelle. Erfahrungen und Ämter verändern auch die Führenden selbst. Höchst menschliche Faktoren bewirken gewissermaßen ein natürliches Verfallsdatum für politische Führung: „Macht neigt zur Korruption, und absolute Macht korrumpiert absolut. Große Männer sind fast immer böse Männer" (Acton 1985, S. 383), lautet eine berühmte Formulierung Lord Actons. In Deutschland ist die „Arroganz der Macht" geradezu zum Sprichwort geraten. Sie ist tatsächlich schwer zu vermeiden, setzt sich bei manchen mehr, bei manchen weniger fest. Dazu gehört etwa die wohl unvermeidbare Erstarrung im Regierungsalltag. Nur die wenigsten Regierungschefs absolvieren mehr als zwei Amtsperioden, im Bund wie in den Ländern, in Deutschland wie andernorts; über kurz oder lang stellen sich Abnutzungseffekte ein, auch Abschottungseffekte.

Die Kanzlerdämmerung gilt fast als naturgesetzliche Erscheinung, und in gewisser Weise ist sie auch naturgesetzhaft eingetreten: bei Konrad Adenauer ab 1959, bei Helmut Kohl ab 1994, bei Angela Merkel ab 2015. Selbst der gewitzteste Parteichef vermag sämtliche Rivalen nicht auf ewig einzubinden und wird irgendwann selbst von eben jenem Ruf nach Erneuerung, der ihm einst selbst die Macht eingebracht hat, aus dem Amt gefegt. Führung unter Bedingungen der Demokratie ist eben gerade nicht auf Konstanz angelegt, sondern auf den Wechsel der Macht. Eine bestimmte Führungsweise auf Dauer zu stellen, ist deshalb ein paradoxes, ja ein unerreichbares Ziel: weil über kurz oder lang auch die beste Führungsweise, möge sie noch so gemeinwohltauglich sein, zum Gegenstand der politischen Kritik wird. Wer Ambitionen hegt und an der Regierungssache selbst wenig auszusetzen hat, kritisiert mit Vorliebe den politischen Stil, um sich demonstrativ von „Basta", „Kompromiss" oder wovon auch immer abzugrenzen.

Doch zu diesen generellen Herausforderungen treten in unserer Gegenwart spezielle. Vielleicht die größte davon liegt im sozioökonomischen Wandel. Insbesondere wirtschaftliche Veränderungsprozesse haben gesellschaftliche Milieus aufgelöst, die in den 1950er oder 1960er Jahren politische Strukturen konsolidiert hatten, und mit ihnen traditionelle Stammwählerschaften verflüssigt, die sich in Deutschland nach 1949 gefestigt hatten. Zu beobachten ist das in Deutschland etwa am bunten Koalitionsreigen jüngerer Zeit, der aus einer geänderten Stimmenverteilung resultiert. Die beiden größten Volksparteien, die Union und die SPD, erhielten im Jahre 1949 zusammen rund 64 % der Bundestagsmandate, am

Ende der ersten Großen Koalition im Jahre 1969 sogar rund 90 %, nach der Deutschen Einheit immerhin noch 84 %, im Jahre 2009 allerdings nur noch rund 61 %, im Jahre 2017 nur noch rund 55 % – und bei der Landtagswahl in Thüringen 2014 nicht einmal 46 %. Eine klassische Arbeiterpartei besitzt mittlerweile nur noch eine kleine soziokulturelle Kernklientel, angesichts der fortschreitenden Säkularisierung verhallt auch das „Hohe C" der Unionsparteien immer mehr.

Ob es künftig andere Volksparteien, ob es überhaupt noch Volksparteien im klassischen Sinne geben wird, wird die Zukunft weisen (übrigens muss das kein Führungsversagen bedeuten). Vielleicht gehören Volksparteien zur historischen Ausnahmesituation einer Mittelschichtgesellschaft, vielleicht hat aber auch erst die politische „Zielgruppenorientierung" der jüngeren Vergangenheit den Anspruch unterminiert, reichlich unspezifisch Wähler aller Konfessionen (so die deutsche Christdemokratie nach dem Zweiten Weltkrieg) oder aller Schichten (so die SPD seit ihrem Godesberger Programm von 1959) anzusprechen; vermeintliche Patentrezepte aus der Vergangenheit – also die „best practice" einstiger Kanzler – verfangen unter diesen Umständen so oder so kaum mehr. Außerdem haben sich nicht nur Parteipräferenzen, sondern auch das Wählerverhalten selbst verlagert, bis hin zur Wahlbeteiligung. Wie kurzfristig Bindungen entstehen und nachlassen, hat beispielsweise der rapide Auf- und Abstieg der Piratenpartei am Anfang der 2010er Jahre gezeigt.

Auch die mediale Umwelt hat sich rapide gewandelt. Der Echtzeit-Modus hat die Politik erfasst; Live-Ticker verändern diskursive Dynamiken, mit allen Vor- und Nachteilen. Ob YouTube, Twitter & Co. einen herberen Niveauverlust in der Debattenkultur bewirken als einst Pennypress und Boulevardblätter, lässt sich empirisch schwer belegen. Selbst wenn es so sein sollte, hat diese Medaille des Sittenverfalls auch eine andere Seite – nämlich die Absenkung diskursiver Eintrittsbarrieren. Wer denn möchte, muss das heimische Sofa oder seinen Arbeitsplatz nicht verlassen, um sich in Debatten einzuschalten: Der Aufwand, seine eigene Meinung in Facebook zu posten oder per Daumengeste die eine oder andere Stimmung zu verstärken, ist ungleich geringer als derjenige, einen klassischen Leserbrief an eine Zeitungsredaktion einzusenden, die ihn womöglich nicht einmal druckt. Insofern hat das Internet ein enormes Partizipationspotential: mit allen Chancen einer intensivierten Mitwirkung und allen Risiken eines unzurechnungsfähigen Diskurses, den Bots zu manipulieren wissen, in dem radikale Äußerungen noch mehr Resonanz finden und in dem politische Bindungen den jeweiligen Moment seltener überdauern.

Digitale Formate sind mehr als nur zusätzliche Medien, sie öffnen neue Kommunikationsforen und folgen einer andersartigen Ökonomie der Aufmerksamkeit. Sie haben auch das Potential, politisches Engagement tief greifend zu verändernneu: hin zu zahlreichen, weder programmatisch noch institutionell verwobenen Single-Issue-Bewegungen, wie sie zuletzt in diversen Volksabstimmungen kulminierten, etwa in den Auseinandersetzungen um den Bahnhofsneubau Stuttgart 21. Sie fordern insbesondere die etablierten Parteien heraus, vielfach erfolgreich – in fast allen europäischen Staaten haben neue Parteien in den letzten Jahren teils enorme Wahlerfolge erzielt, auch dank einer intensiven Kampagnenführung mit digitalen Mitteln. Massenmedien verändern „die Politik und die Politiker selbst" (Bruns 2007, S. 116). Das gilt übrigens nicht erst für Twitter & Co., sondern beispielsweise auch für ehedem neue Medien wie Rundfunk oder Fernsehen. Auch dieser Wandel betrieb, was das Internet noch einmal potenziert: eine enorme Beschleunigungswirkung, die sich Parteien und Politiker auch damals zunutze gemacht haben – mit eigenen Parteizeitungen, mit besonderen Formaten wie Franklin D. Roosevelts „Fireside Chats".

Zu Führung gehört also Anpassungsfähigkeit an neue Entwicklungen, jedenfalls im Äußerlichen der Politik. Etablierte Parteien haben mittlerweile ihre digitalen Defizite vielfach erkannt, auf neue Wettbewerber um die Wählergunst reagiert und sich auf zeitgemäße kommunikative Möglichkeiten eingestellt, deren souveräne Beherrschung eben auch zu politischer Führung gehört. Wenn Führung heißt, Angebote zu machen, müssen diese Angebote auch in geeigneter Weise dar- und vor allem zur Diskussion gestellt werden: inklusive multimedialer Plattformen, in Podcasts, Chats etc. Auch in der Politik heißt Führung immer mehr, zu wissen, was man nicht weiß respektive kann und worin man Unterstützung braucht. Die Bedeutung von Delegation als Führungsaufgabe steigt eher, als dass sie schwände; kein Führender kann in allem Spezialist sein, aber es muss wissen, wann er welche Spezialisten benötigt, interne wie externe.

Doch Führung erschöpft sich nicht in Technik, am wenigsten, wo es um die Bewältigung struktureller Herausforderungen geht. Nicht allein die Verpackung muss ansprechend gestaltet sein, sondern eben auch der Inhalt. Um deren Eigenart wissen die Parteiführungen längst: Wählerbindungen lassen nach, ohne dass darin ein Versagen der Parteien bzw. Parteiführungen zu diagnostizieren wäre. Womöglich muss man Parteien neu denken, vielleicht auch lernen, ohne Massenparteien zu denken. Postideologisch kann man unser Zeitalter kaum nennen, weil gerade die jüngsten Auseinandersetzungen um Migrationsthemen höchst ideologisch geführt werden, aber vielleicht postprogrammatisch; ein kohärentes Programm bieten populistische Bewegungen kaum an. Die Wählerbindung ist stark zurückgegangen, auch der parteipolitische Organisationsgrad der Bevölkerung; vor allem auf kommunaler, bisweilen aber auch auf Länderebene haben stattdessen Bürgerinitiativen und Bürgerentscheide stark zugenommen. Meist jenseits parteipolitischer Zuordnungen entstanden, sind solche Aktivitäten oftmals gerade nicht an bestimmte politische Lager gebunden und lösen sich nach Erfüllung ihres unmittelbaren Zwecks meist wieder auf.

Nicht das politische Engagement als solches hat folglich nachgelassen, wohl aber das politische Engagement in den Parteien. Ob darin Chancen oder Risiken für das Gemeinwohl überwiegen, ist schwer abzusehen. Klar abzusehen ist allerdings, dass gerade die Parteiführungen sich etwas einfallen lassen müssen, wenn sie ihre Parteien als wichtige Faktoren erhalten wollen. Seit den 1970er Jahren stehen sie unter vermehrtem Rechtfertigungsdruck; insbesondere die mannigfachen „Bewegungen" mit ganz unterschiedlichen Verfahren haben sich selbst jenseits der Parteien dargestellt und umgekehrt die Dauer gewohnter Verfahren verlängert (Bracher 1990, S. 190–192). Forderungen wie diejenige, ihren Mitgliedern „effektive Mitsprache geben" zu sollen (Arnim 2009, S. 219), haben viele Parteien längst erfüllt – wenn es ihnen damit gelingt, den Erosionsprozess parteipolitischen Engagements zu verlangsamen, wäre vielleicht schon viel gewonnen: Eine Instant-Demokratie mag man sich kaum vorstellen, aber womöglich wird sie das Modell der Zukunft.

Was heißt das konkret? Wie soll sich Führung ändern? Welche Handlungsmöglichkeiten ergeben sich daraus? Drei Dimensionen lassen sich erkennen, erstens und wesentlich eine der Politikinhalte – sie stiften dauerhafte Bindungen von Parteimitgliedern und Wählern (oder eben nicht). Das Aufkommen neuer, teils neuartiger Parteien in den letzten Jahren zeigt auch, dass die zuvor etablierten Parteien wichtige Anliegen der Wähler nicht in hinreichendem Maße berücksichtigt haben; programmatische Erneuerung ist hier gefragt, die neue Ziele für das Gemeinwesen setzt. Es zeigt zweitens – ganz anders, doch strukturell ähnlich war es beim Erstarken der Grünen in den 1980er Jahren – den Wunsch nach einem anderen Politikstil, nämlich einem eher konflikthaltigen. Führung geriete dann wieder konfrontativ statt ausgleichend; eine entsprechende Profilierung hätte ihre Nachteile, aber entspräche wohl den zentrifugalen Tendenzen in der Gesamtgesellschaft. Damit verbunden ist ein dritter Ansatzpunkt, nämlich die intensive Nutzung neuer medialer Formate.

Alle drei Dimensionen haben eine gemeinsame strukturelle Komponente. Parteien bemühen sich längst um neue Organisations- und Beteiligungsformen, vor allem um solche, die Basisvoten stärken (Decker 2016, S. 241–264): Urwahlen von Vorsitzenden und Spitzenkandidaten, (demokratietheoretisch freilich fragwürdige) Basisabstimmungen über Koalitionsverträge, partizipative Formate wie Regionalkonferenzen oder auch Online-Chats gehören zu diesen vielfach bereits umgesetzten Versuchen – die bisweilen auch danach streben, die Hemmschwelle eines Parteieintritts zu umgehen oder in den Parteien eine neue Umgangsweise mit bisherigen sowie potentiellen Mitgliedern zu etablieren. Als Beispiele werden immer wieder amerikanische Muster genannt: etwa die sogenannten Townhall Meetings, die in kleineren Städten der Vereinigten Staaten ein klassisches Format des Wählerkontakts mit Abgeordneten darstellen, oder die in einigen Bundesstaaten gegebene Möglichkeit für Nicht-Parteimitglieder, bei den Vorwahlen für die Präsidentschaftskandidatur abzustimmen. Eine kleinteilige Erörterung des Für und Wider solcher konkreter Varianten ist nicht die Aufgabe der vorliegenden Darstellung, die sich vielmehr auf einen Umriss der neuen Herausforderungen konzentriert; auch eine Harmonisierung der Wahltermine und andere oft genannte Vorschläge stellen schließlich keine Allheilmittel dar.

Komplizierter geworden ist die Politik aber nicht nur national. Zu komplexen nationalstaatlichen Strukturen – zumal in föderalen Staatswesen – treten überstaatliche hinzu; in den Staaten der Europäischen Union unterstehen mittlerweile zahlreiche Politikgebiete auch den EU-Institutionen. Überhaupt erzeugt die Globalisierung einen zusätzlichen Koordinationsaufwand, zumal sich wesentliche Handlungsfelder nur in der internationalen Gemeinschaft sinnvoll bearbeiten lassen: etwa Handel und Umweltschutz, auch die Außen- und Sicherheitspolitik im Rahmen der UNO, NATO, OSZE etc. Was übrigens ganz praktisch bedeutet, dass Politiker nicht nur Bierzeltreden auf Deutsch, sondern auch Konferenzansprachen auf verständlichem Englisch halten müssen. Das kann man lernen wie vieles andere. Man darf getrost auch einmal die Lernfähigkeit von Politikern loben, die sich sprachlich wie sachlich fortgebildet haben. Da kommt es tatsächlich auf ganz unmittelbares Handwerk an – auf Erfahrungswissen und gleichzeitig immer mehr darauf, das eigene Erfahrungswissen nicht absolut zu setzen.

2.2 Alte Aufgaben: Politikgestaltung und Machtverwaltung

Politische Führung steht also vor zeitspezifischen Herausforderungen. Aber sie kennt auch Herausforderungen, die dem Wandel der Zeitläufe weitaus weniger ausgeliefert sind. Organisationsweisen der Macht ändern sich, Macht-Bedarf und Macht-Hunger hingegen kaum.

Hier scheiden sich deskriptive Führungskonzepte von normativen (s. Abb. 2.1): zumindest dann, wenn Führung mehr als manipulatives Know-how für Despoten sein soll. Immanuel Kant hat einst vor den „Schlangengruben einer unmoralischen Klugheitslehre" gewarnt

Führungskonzept	Normativ	Deskriptiv
Orientierung	Gemeinwohl	Macht
Prinzip	Moralische Gebote	Klugheitslehren

Abb. 2.1 Führungskonzepte. (Quelle: Eigene Darstellung)

(Kant 1983, S. 237), die er unter Gemeinplätzen wie der Devise „Divide et Impera" vermutete. Wer Führung als bloßes Mittel versteht, um Herrschaft zu erringen oder zu erhalten, wird sie vornehmlich als Ensemble von erfahrungsgesättigten Techniken verstehen, mithilfe treuer Unterstützer die eigene Macht zu mehren. Politik gerät dann zur Pflege von Gefolgschaftsverhältnissen, reduziert auf das, was man im weitesten Sinn „Mikropolitik" nennen kann: „der mehr oder weniger planmäßige Einsatz eines Netzes informeller persönlicher Beziehungen zu politischen Zwecken, wobei die Besetzung einer Stelle und der Rang ihres Inhabers in der Regel sehr viel wichtiger ist als das, was diese Person anschließend treibt" (Reinhard 1996, S. 312). Auch im Maschinenraum der modernen Macht greifen manche alte Mechanismen; was auf frühneuzeitliche Herrscher und insbesondere die Päpste gemünzt ist, lässt sich partiell durchaus auf die Moderne übertragen – etwa auf Parteien und die für ihre Stabilität wohl unvermeidlichen Proporze: des Geschlechts, der Landesverbände, der Flügel etc.

Der Zusammenhalt von Parlamenten, Fraktionen, Parteien und Ministerien hat neben einer sachlichen immer auch eine persönliche Dimension – seit jeher, wie man an einem Brief Karl Alexander von Kalbs sehen kann, Kammerpräsident in Sachsen-Weimar, als Goethe im dortigen Geheimen Consilium den Landesfürsten beriet: „Goethe wird nun einsehen, daß man mit Genie allein kein Land regieren kann, sondern daß außer diesen auch Kenntnisse desselben, der angestellten großen und kleinen

Diener und gesammlete Erfahrungen nötig sind, und daß man, wenn man dies alles nicht hat, sich Männer, die solche haben und uns unterstützen können und wollen, attachieren muß" (Goethes Gespräche 1998, S. 313).

Diese Verquickung von politischen Zielen und persönlichen Interessen bedeutet für ein sachrationales Politikideal eine unsympathische Herausforderung, die es gleichwohl zu bewältigen hat. Auf der Sonnenseite dieses unauflöslichen Zusammenhangs steht der Führende, den Wähler zur Durchsetzung seines Programms mit einer Mehrheit mandatieren – und auf der Schattenseite diejenigen, die Ämter in wortwörtlicher Weise als Selbstzweck auffassen. Carl Schurz, der es als deutscher Emigrant 1877 gar zum amerikanischen Bundesminister brachte, erinnerte sich in seinen Memoiren an seine Frustration mit den „Postenjägern" in der amerikanischen Politik und zitierte angewidert, wie Senator Broadhead nach eigenem Bekunden agierte (Schurz 2015, S. 25: Hervorhebung im Original): „Überhaupt interessiere ich mich nicht so sehr für politische Maßnahmen und Prinzipien, wie für das Dirigieren von Menschen (*The management of men*)".

Schurz kritisierte hier die Mechanismen des Spoils System, in dem der Wahlsieger die Posten in der Bundesverwaltung für seine Parteigänger beansprucht – vom amerikanischen Präsidenten Andrew Jackson in den 1830er Jahren mit einem dezidiert demokratiepolitischen Argument eingeführt: Wenn man wolle, dass sich Menschen politisch engagierten, müsse man ihnen auch persönliche Vorteile in Aussicht stellen (Remini 1988, S. 186). Das war Jacksons Variante eines seit Bernard de Mandevilles „Bienenfabel" (1705) umstrittenen, aber eben gängigen, mitunter zynisch anmutenden Arguments: Dass gerade aus dem Zusammenspiel von maximierten Eigeninteressen besonders viel Gemeinwohl entstehen könne (Mandeville 1968, S. 92), dass mithin politische Führung gar keiner besonderen, ja sogar überhaupt keiner Moral bedürfe.

So oder so besteht Politik unweigerlich immer auch aus Personalpolitik: Wer Wandel bewirken oder dem Wandel begegnen möchte, muss letztlich auf Positionen und Ämter hinarbeiten, in denen er (oder aber andere) Veränderung bewirken kann. Wahlen von Parteivorsitzenden und Generalsekretären etwa bedeuten meist Voten zugunsten bestimmter Flügel bzw. Richtungen bzw. Überzeugungen. Parteitage folgen einer komplexen Arithmetik der Macht. Politische Akteure verkörpern ein bestimmtes Lebensgefühl, verleihen spezifischen politischen Programmen ein Profil, repräsentieren jeweils eine spezifische Art von Politik – und vertreten zugleich bestimmte Interessen. Sie bleiben indes Menschen mit Sympathien und Antipathien – bisweilen scheinen sogar Animositäten zu regieren; selbst in den Bundeskabinetten gab es so manche persönliche Rivalität, die der Auseinandersetzung in der Sache wenig gedient hat. Politik ist eben auch eine Charakterfrage, aber darf sich darauf nicht beschränken.

Ein robuster Politiker jüngerer Jahre, der es mit dem harten Pathos des Null-Toleranz-Realisten zu einiger Wirksamkeit gebracht hat, hat sein Rekrutierungs-Prinzip darin erklärt, „fähige Leute um mich zu scharen" (Giuliani 2004, S. 117). Andere würden das Adjektiv „fähige" vielleicht durch „getreue" ersetzen, so etwa Helmut Kohl, der sich in der CDU der frühen 1970er Jahre zunächst als Erneuerer profilierte, markante Intellektuelle wie Heiner Geißler oder Kurt Biedenkopf um sich scharte und zugleich ein dichtes persönliches Netzwerk bis hin zu örtlichen Parteivorsitzenden knüpfte. So hat er seine Macht in der Parteibasis verankert und damit eine wesentliche Herausforderung von Führung systematisch bewältigt. Denn politische Führung heißt in der demokratischen Praxis, Wähler und einflussreiche Akteure auf allen Ebenen für sich zu gewinnen; ohne Personalpolitik gelangt sie kaum ans Gestaltungsziel. Der Verzicht darauf, die vermeintlich richtigen Leute in die richtigen Positionen zu bringen, ist überhaupt die heikelste Form der Personalpolitik. Wer keine eigenen Gewährsleute zu platzieren vermag, wird als schwacher Mitspieler in Entscheidungsprozessen seine Ideen nicht unbedingt zur Geltung bringen können.

Gefragt ist dabei auch Menschenkenntnis. Unterschiedliche Gefolgsleute bedürfen einer jeweils passenden Ansprache, nicht nur in der Politik: „Haben die Mitarbeiter einen hohen Bildungsgrad und wird eine offene Kultur gelebt, d. h. will man Mitarbeiter mit einbeziehen, will man Mündigkeit fordern und fördern, dann ist der partnerschaftliche Führungsstil zu empfehlen" (Frey und Schmalzried 2013, S. 37) – und in anderen Fällen wohl eher nicht. Zu einem gewissen Grad bedeutet politische Führung deshalb immer eine Einfühlungsarbeit und eine Moderationstätigkeit. Je nach Position nimmt diese Arbeit indes verschiedene Gestalt an. Wähler „führt" man anders als Minister oder Parteitagsdelegierte.

Gewiss ist es aus Sicht der Exekutive sinnvoll, „decision making" als Kerngeschäft der Politik zu betrachten (Bush 2010, S. XII) – erst recht in unvorhersehbaren Situationen, in denen für langwierige Konsultationen oft keine Zeit bleibt: Dann schlägt die Stunde der Exekutive, dann sind die „Praktiker der Macht" (Niejahr und Pörtner 2002, S. 114) in ihrem Element. Legendär ist der kolportierte Stoßseufzer des britischen Premierministers Harold Macmillan auf die Frage, was ihn bei seiner Politik am meisten beeinflusst habe, „die Ereignisse, mein Guter, die Ereignisse". Doch selbst zur nachhaltigen Bewältigung akuter Ereignisse ist Führung mittelfristig auf Unterstützung angewiesen, braucht das Vertrauen derjenigen, die ihre Beschlüsse umsetzen sollen. Führung meint selbst bei exekutiver Betrachtung wenigstens ein Doppeltes: „Das Setzen von Zielen und die Beeinflussung von Menschen, damit sie auf diese Ziele hinarbeiten" (Carstens

1971, S. 11). Der bisweilen polemisch aufgeladene Unterschied zwischen Politikgestaltung und Machtverwaltung ist eher gradueller als prinzipieller Art, beide Modi stehen in einem unauflöslichen Wechselverhältnis.

Wer Politik gestalten will, benötigt schlichtweg Macht respektive Mehrheiten. Dazu reicht es indes nicht, nur den eigenen Nutzen in sein Schaufenster zu stellen; dazu braucht es vielmehr politische Ziele, denen sich auch andere anschließen, im besten Falle voller Begeisterung. Aus Sicht der Legislative gewinnt das deliberative Moment von Führung an Bedeutung. Was als Schwäche erscheint, lässt sich auch als Stärke werten. Wer etwa den Nachteil des „adaptiv-moderierenden Führungsstils" von Angela Merkel darin sieht, dass er Bedürfnisse „nach politischer Orientierung vernachlässigte" (Glaab 2010, S. 152), wird umgekehrt den Vorteil eingestehen müssen, dass er Spielraum für mannigfache Initiativen gewährte. Ähnliches – und daran zeigen sich klassische Wahrnehmungsmuster von politischer Führung – gilt für Helmut Kohl, dem ein zeitgenössischer Beobachter einst eine spezifische Führungsweise attestiert hat als „Nachführer: Er lässt eine Entwicklung vonstatten gehen, wartet ab, wie der Hase läuft, ergreift den Hasen kraft Richtlinienkompetenz und macht den Hasenlauf zur Regierungspolitik" (Gross 1990, S. 207). Auch diese Deutung lässt sich getrost in ihr Gegenteil wenden: als Offenheit für neue Entwicklungen, ja sogar als Merkmal von besonderer Responsivität. Solche anekdotischen Evidenzen lassen sich zu empirischen Befunden verdichten; realiter ist politische Führung „häufig mehr pragmatische Moderation als hierarchische Steuerung" (Korte und Fröhlich 2006, S. 188). Man darf das als Kompliment verstehen: Gegenteil einer pragmatischen Moderation wäre nämlich dogmatisches Anordnen.

Moderation ist in einer parlamentarischen Demokratie, die auf dem Weg der Debatte statt der Verordnung voranschreitet und möglichst viele Bürger in den politischen Prozess einbinden möchte, zunächst einmal eine Tugend; hier aber entsteht das Laster ausnahmsweise dann, wenn der Moderator sich selbst nicht im Diskussionsprozess engagiert. Die Übergänge sind indes fließend, auch die Paradoxien. Wer von herrschaftsfreien Diskursen schwärmt, kann schwerlich im selben Moment jene Führungsakteure kritisieren, die lediglich die Ergebnisse der Debatte abwarten und sich dann auf die stärkere Seite schlagen. Gleichwohl bleiben zwei Extreme, die weder dem Denken über Politik noch der Politik selbst gut tun. Einerseits ist die Versuchung groß, der Politik die vermeintlichen Niederungen des Alltags anzukreiden und aus Moderationsleistungen den Vorwurf zu schöpfen, es an wagemutigen eigenen Visionen mangeln zu lassen: Kompromisse erscheinen dann kompromittierend, weil sie die reine Lehre verraten. Andererseits liegt die Versuchung nahe, sich in diesen Niederungen festzusetzen und alle Führung zu bloßem Management der Macht zu erklären – wo Moderationskompetenz dann heißt, auf den Wellen der Meinungsumfragen zu reiten und alles dem Machterhalt unterzuordnen: eine Sorge, die in Deutschland vor allem die 1950er Jahre plagte (Gallus 2012, S. 116), als kritische Beobachter die Demoskopie zum großen Bruder der Demagogie avancieren sahen.

Bis heute gilt das Schielen auf Meinungsumfragen als verwerflich, aus guten Gründen. Was würde man aber umgekehrt von einem Politiker halten, der sich von ihnen so gar nicht beeindrucken ließe? Genau an diesem Dilemma ist die Eigenart politischer Führung ersichtlich. Führung ist wesentlich Austausch, nur teilweise wird sie vom Führenden selbst erbracht. Sie bezeichnet keine Maßeinheit für den Erfolg des einzelnen Politikers, sondern stellt eine Funktion des politischen Systems dar. Führung dient der Verständigung über gemeinsame gesellschaftliche

Zwecke – und unterscheidet sich darin bisweilen substantiell von dem, was der einzelne Führende als seine Aufgabe versteht. Sie ist fest ist der Tagespolitik verwurzelt, und doch von ihr unterscheidbar. Sichtbar wird Führung insbesondere, wenn sie Ziele setzt und zur Debatte stellt, die im hektischen Alltag leicht aus der Wahrnehmung geraten (Selznick 1957, S. 135 f.); Führung im engeren Sinne unterbreitet Orientierungsangebote, schlägt gemeinsame Zwecke vor und moderiert die Verhandlung über die Mittel zu deren Umsetzung. Wenn sie gelingt, prägt sie Debatten, ohne doch deren Ergebnisse bestimmen zu können.

Solche Orientierungsangebote drücken sich auch in der Personalpolitik und in der Organisationsweise von Parteien, Verbänden etc. ab. Die Fähigkeit, politische Gestaltungsziele auszuwählen, lässt sich weder von den Fähigkeiten derjenigen, die daran mitwirken, noch von der Art ihrer Zusammenarbeit ablösen: „was letztlich einen erfolgreichen von einem erfolglosen Führer unterscheidet, ist das Zusammenhalten der Vielfalt von Talenten, die es für den organisatorischen Erfolg braucht" (Grint 2010, S. 105). Notwendigkeiten und Möglichkeiten wechseln freilich mit der Zeit. Das antike Rom besaß mit dem Senat, der sich aus erfahrenen Amtsträgern zusammensetzte, eine derartige Institution; frühneuzeitliche Fürsten verfügten über nach außen weitgehend unsichtbare Berater, mit denen sie über die Arcana der Herrschaft berieten; in unserer Gegenwart sind Parteizentralen und Parteistiftungen mitsamt den ihnen angegliederten Thinktanks etc. zu solchen Einrichtungen geworden. Wie sie im Einzelnen auch organisiert sein mögen, ist hier weniger bedeutsam als das Prinzip, dass sie irgendwie verfasst sein müssen – damit Führung über ein „strategisches Zentrum" verfügt (Raschke und Tils 2011, S. 157). Dessen vordringliche Aufgabe besteht darin, zumindest Gestaltungsentwürfe auszuarbeiten: Ob sie dann tatsächlich umgesetzt werden können, bestimmen weitere Gremien und am Ende ohnehin der Wähler. Der folgt bekanntlich seiner eigenen Ratio.

Führung beschränkt sich also nicht auf eine Frage individueller Qualität(en) oder Techniken, deren es zur Machtbehauptung bedarf. Es führt nicht am besten, wer eigene Entwürfe ungeschmälert durchzubringen vermag; wer umgekehrt keine eigenen Entwürfe voranbringt, kann keine Orientierung anbieten und betreibt Führung nur noch als Ersatzhandlung. Am besten führt vielmehr, wer Entwürfe mutig zur Debatte bringt, nach allen Regeln der Sach- und Machtkunst. Ob seine Argumente am Ende alle überzeugen, ist nicht das entscheidende Kriterium.

2.3 Integration und Partizipation: Kommunikation als Kernaufgabe

Führung ist nicht ausschließlich Kommunikation. Politik muss Probleme nicht nur bereden, sondern mit Beredsamkeit lösen. Aber letzteres ist ohne ersteres nicht zu haben, zumindest in der parlamentarischen Demokratie, die zunächst einmal aushandeln muss, welche Probleme sie als vordringlich erachtet und welche Lösungsvorschläge eine Mehrheit auf sich vereinen. Gerade in diesen Verfahren gehört es manchmal sogar zur Führung, nicht respektive nichts zu kommunizieren; die berüchtigten Durchstechereien mögen kurzfristig machtpolitische Geländegewinne erzeugen, aber zerstören die Grundlage für vertrauliche Gespräche. Selbst die vielgelobte Transparenz kennt einen Grenznutzen: Wer alles offenlegt, untergräbt seine eigene Verhandlungsbasis – man sollte gelegentlich an Mikrofonen vorbeischweigen können.

Gleichwohl ist Kommunikation das, was auch unterschiedliche Führungsweisen verbindet – nach innen wie nach außen. Politische Angebote müssen gut durchdacht und formuliert sein: „Wer die Begriffe setzt, führt" (Korte 2014, S. 147), mag man sich nun neudeutsch um „Framing" bemühen oder klassisch um Rhetorik. Darum engagieren Parteien längst professionelle Werbe- oder Kommunikationsagenturen für ihre Wahlkämpfe, darum verfügen hochrangige Politiker über ganze Stäbe für die Pressearbeit in den diversen Medien, von klassischen Pressekonferenzen über Talkshows bis hin zu Twitter, Facebook, Instagram und dergleichen. Egal, ob langfristige Öffentlichkeitsarbeit, mittelfristig orientierte Kampagnen oder kurzfristige Krisen-PR: Handwerkliche Präzision ist hier gefragt, aber auch Überzeugungen, die in wirksame Slogans einfließen können. Gelegentlich gerät in Vergessenheit, dass zur Kommunikation neben der Form vor allem auch der Inhalt gehört – wer nichts zu kommunizieren hat, mag es noch so raffiniert tun, hat aber nichts zu sagen. Jeder Wahlkampf liefert reichlich plakatiertes Anschauungsmaterial dafür.

Umgekehrt gilt: Wenn eine Idee nicht zur Akzeptanz gelangt, liegt das nur selten allein daran, dass sie unglücklich formuliert bzw. lanciert worden wäre. Kein Trugschluss ist größer als derjenige, die Wahlniederlage allein aus einem Kommunikationsversäumnis zu erklären – in der Regel haben die Wähler jene Botschaft genau begriffen, die sie vermeintlich nicht verstanden haben, oder Phrasen entlarvt. Auch solches ist im Grunde ein Exempel erfolgreicher Kommunikation, nur eben unfreiwillig erfolgreicher. Schließlich wäre politische Kommunikation prinzipiell falsch verstanden, wenn sie mit Akklamation verwechselt würde. Der Demokratie wohnt immer auch ein agonales Moment inne; wer von Führung verlangt, dass sie möglichst alle Bürger einbinden solle, hegt utopische, ja sogar dysfunktionale Erwartungen. Debatte heißt Wettstreit, freilich einer, der nicht unversöhnlich Freund und Feind scheidet, sondern selbst noch im Dissens verbindet. Mehrheiten dürfen Minderheiten nicht abstrafen. Das ist keine System-, sondern vornehmlich eine Einstellungsfrage im Umgang mit politischen Konkurrenten.

Gleichwohl lässt sich Politik nicht auf „Konsens und Versöhnung" verengen (Mouffe 2007, S. 8); man kann just den produktiven Konflikt sogar als eigentliche Leistung bezeichnen und argumentieren: „Führung ist dissensual" (Carstens 1971, S. 35). Schließlich sorgen Mehrheitsentscheidungen zwangsläufig für mehr oder minder enttäuschte Minderheiten, bisweilen sogar für enttäuschte Mehrheiten, die sich mit Kompromissen nicht anfreunden können; sinkende Wahlbeteiligungen können dafür ein Indikator sein, ein gewandeltes Vokabular der Politik und des Redens über Politik, auch Parteineugründungen – in der deutschen Geschichte nach 1945 zunächst CDU und CSU, später die Grünen, in jüngerer Zeit die Linke, die Piratenpartei und die AfD. Auch darin drückt sich aus, dass Führung „einen Ausgleich zwischen den Erwartungen einer schwach engagierten Mehrheit und passionierten Minderheiten herstellen" soll (Gabriel 2006, S. 86). Politik bezieht ihre Dynamik daraus, dass jeder jederzeit ein neues Angebot machen darf und keines davon unter Urheberrechtsschutz steht.

Wenn sich Kommunikation einseitig darauf beschränkt, dass Führende senden und Geführte empfangen, handelt es sich nicht um Kommunikation im eigentlichen Sinne, sondern um Anordnung. Austausch aber macht das Wesen von Führung aus: „Politische Führung als das Zusammenführen von Anschauungen, Interessen und Kräften beinhaltet darum nichts anderes, als dem Ganzen eine Richtung geben, diesem einen Sinn vermitteln"

(Fagagnini 2000, S. 279). Die eigentliche Leistung von Führung besteht ergo nicht darin, die Ziele des Führenden zu möglichst großer Akzeptanz zu bringen, sondern darin, diesen Sinn gemeinsam herzustellen.

Auch dazu braucht es handwerkliche Übung, etwa im Verhalten in Plenar- und Podiumsdiskussionen; Sinngebung braucht neben Intuition ein gewisses Maß an Koordination, sozusagen das Management von Ideen. Wer politische Handlungsmöglichkeiten ermitteln will, benötigt Unterstützung aus vielen Disziplinen, von Rechtskenntnissen bis hin zu Expertise im jeweiligen Politikfeld; man muss wissen, wo man Sachkunde einholen kann, man muss wissen, an welchem Moment sie auf welche Weise in den Entscheidungsprozess eingebracht werden kann, und man muss wissen, wie und in welchen Formen man sie öffentlich zur Diskussion stellt – von der offiziellen Anhörung über Foren bis hin zu realen oder virtuellen Hausbesuchen, vom genau geregelten parlamentarischen Verfahren bis hin zur Organisation einer Bürgerinitiative.

Darin entsteht Sinn. Seine Stiftung beginnt meist mit einem Angebot; überhaupt eines zu unterbreiten, ist ein wesentlicher Akt bzw. Aspekt von politischer Führung. Das geschieht in Interaktion, auch der (Nicht-)Wähler ist Komplize. Führung wird zwar oft individuell zugerechnet, aber gemeinsam erzeugt. Sie vollzieht sich in der Regel arbeitsteilig, im Falle von politischen Parteien sogar nachgerade kollektiv (Brown 2018, S. 39). Prominente Akteure stehen im Vordergrund der Wahrnehmung, aber im Hintergrund agieren andere – die wohl prinzipiell mehr Aufmerksamkeit verdienen (Bell 2014, S. 95), wie überhaupt informellen Mechanismen im politischen Alltag oft entscheidende Bedeutung zukommt (siehe dazu aus einer Innensicht: de Maizière (2019), S. 37 ff.). Um nur einige Beispiele zu geben: Konrad Adenauer besaß mit Hans

Globke einen effizienten Kanzleramtskoordinator sowie mit Heinrich von Brentano und Heinrich Krone zuverlässige Fraktionschefs ohne besonderen Geltungsdrang, Willy Brandt überließ Horst Ehmke die Organisation des Regierungsalltags, Helmut Schmidt war als Kanzler auf den Parteivorsitzenden Brandt ebenso angewiesen wie auf den Fraktionsvorsitzenden Herbert Wehner, Helmut Kohl konnte sich im Kanzleramt und in der Fraktion auf Wolfgang Schäuble verlassen, für den impulsiven Gerhard Schröder organisierte Frank-Walter Steinmeier den Regierungsbetrieb. Man könnte diese eher anekdotisch als systematisch verfasste Liste um zahlreiche oftmals kaum sichtbare Akteure in Schlüsselfunktionen ergänzen: die jeweiligen Büroleiter, mitunter die Pressesprecher, die beamteten Staatssekretäre in den Ministerien, die Parlamentarischen Geschäftsführer in den Fraktionen, auch einzelne Ratgeber ganz ohne Amt und Mandat, bis hin zu Ehepartnern oder Beichtvätern.

So unterschiedlich diese Personen und Konstellationen auch waren und sind, teils der Umstände, teils der beteiligten Charaktere halber, so weist deren Mitwirkung doch strukturelle Gemeinsamkeiten auf. Formelle Einflussmöglichkeiten schaffen Gelegenheiten zu politischer Führung, aber auch die informelle Anerkennung als Gesprächspartner – deren Herstellung wiederum eine wichtige Aufgabe von Führung bedeutet. Peter Struck, als langjähriger Fraktionsgeschäftsführer und Fraktionsvorsitzender der SPD mit selbstbewusstem Führungsanspruch begabt, hat beide Mechanismen pointiert beschrieben – einerseits im „Struck'schen Gesetz", dem zufolge kein Gesetzentwurf den Bundestag so verlasse, wie er in ihn hineingetragen werde, andererseits in einem Plädoyer für den Austausch, den Führung ermöglichen sollte: „Aber ebenso wichtig war es, allen Abgeordneten Gelegenheit zu geben, ihre Meinung zu äußern" (Struck 2010, S. 241).

Gegen eine kommunikative Führung-Definition liegt freilich ein bereits angedeuteter Einwand nahe: dass Führung in Dezision bestehe (Forkmann und Schlieben 2005, S. 12–14), also darin, Entscheidungen zu treffen, die nun einmal an die Führenden delegiert worden sind. Wie Robert Musil einmal formuliert hat, Politik sei „Wille und nicht Wahrheit" (Musil 2007, S. 225). Aber selbst dort, wo harte Willensentschlüsse getroffen werden (müssen), bedeutet Führung in unterschiedlichem Ausmaß immer auch – darin kommen selbst heterogene politikwissenschaftliche Zugänge überein (Fliegauf und Kießling und Novy 2008, S. 401) – Interaktion: teils unmittelbare Interaktion, weil die meisten Entschlüsse langsam in diversen Gremien angebahnt werden, teils mittelbare Interaktion, weil am Ende die Wähler mit ihrer Stimmabgabe auch das jeweilige Führungsverhalten prämieren oder sanktionieren werden.

Die alte Vorstellung der „virtuellen" Repräsentation, dass nämlich Abgeordnete jenseits der Interessen ihrer unmittelbaren Wählerschaft das Wohl der gesamten Gesellschaft einschließlich künftiger Generationen im Blick haben mögen, mag im 18. Jahrhundert ein bevormundendes Element beinhaltet haben. Aber erstens gehört sie noch heute zum deutschen Verfassungsbestand – Abgeordnete sind nicht ihren Wählern, sondern ihrem Gewissen verpflichtet – und zweitens zur Eigenlogik von per Wahl vergebener Macht; Wahlen sorgen geradezu für eine systemstabilisierende Unsicherheit (Luhmann 1969, S. 173). Wer eine Führungsposition innehat, wird sich auch bei kurzfristigen Entscheidungen überlegen, welche Auswirkungen sie auf die eigenen Wähler respektive Unterstützer bzw. deren Loyalität haben dürfte. Selbst jedes Wahlkampfkalkül folgt letztlich einer demokratischen Prämisse. Schließlich setzt die Demokratie nachgerade voraus, dass der Diskussion bedarf, worin das

„Beste" nun bestehe. Wäre es objektiv erkennbar, wäre Demokratie mangels Grundes zur Abstimmung „schlechthin unmöglich" (Kelsen 2006a, S. 236); die Vorstellung, der einmal erkannten Wahrheit nötigenfalls mit Gewalt zur Durchsetzung verhelfen zu müssen, ist in diversen Totalitarismen schreckliche Realität geworden (Kielmansegg 2013, S. 25 f.).

Führung bedeutet in der Demokratie nicht, unilateral Vorgaben zu machen und sie gar beratungsresistent zu exekutieren. Parlamentarische Prozesse streben weniger nach der angeblich besten als nach einer mehrheitsfähigen Idee: „Nicht Wahrheit will die bürgerliche Regierung herbeiführen oder vollstrecken, sondern das Gute soll sie bewirken, das gemeine Beste" (Sternberger 1962, S. 297). Dieser deliberativen Dimension kann man sogar eine pädagogische einbeschreiben. Politische Autorität beruht auf „der freiwilligen Anerkennung eines überlegenen Rates" (Schönberger 2010, S. 43). Nicht Paternalismus ist damit gemeint, sondern Befähigung: nämlich möglichst viele in die politische Auseinandersetzung einzubeziehen – nicht zum Meinungs-Oktroi, sondern um sie auf andere Meinungen aufmerksam zu machen sowie darauf, dass es andere Meinungen gibt und geben darf. Institutionen wie die Bundeszentrale für politische Bildung, die diversen Landeszentralen und zahlreiche andere wirken daran mit; „Leadership development" lässt sich daher auch als Auftrag begreifen, Wissen und Gestaltungswissen in die Gesellschaft hineinzutragen (Hartley 2014, S. 685). Führen, so könnte man zugespitzt sagen, hat zu einem gewissen Grad sogar die Aufgabe, sich selbst überflüssig zu machen und „andere auf einem bestimmten, ihnen selbst nicht zugänglichen Weg zuverlässig an ein Ziel zu bringen; es vermittelt und integriert die Relevanzen des Ziels *und* der Folgenden" (Paris 2005, S. 80: Hervorhebung im Original).

2 Elemente des Führens: Politische Führung …

Derlei entkoppelt Führung mitnichten von der Verantwortung für politische Prozesse, wohl aber von der Frage, ob am Ende des politischen Prozesses auch steht, was der Führende gewollt hat. Es wäre ein eindimensionaler Führungsbegriff, der alles von einem solchen „Erfolg" abhängig und diesen zum Synonym für Durchsetzungsfähigkeit machte. Das hieße nämlich: Wer im Gesetzgebungsverfahren gewinnt, habe gut geführt, wer in der Debatte unterliegt, hingegen defizitär. Aus der Sicht einzelner Akteure mag diese Perspektive eine machtarithmetisch plausible sein. Aus Sicht des politischen Systems geht es indes um mehrere Dimensionen, nicht nur um diejenige der Politics, die machtpolitische Effekte in den Blick nimmt; in der Policy-Dimension stehen zudem konkrete inhaltliche Resultate von Politik, in der Polity-Dimension schließlich die Auswirkungen von Führung auf Politik und Gesellschaft. Ein Teil der politikwissenschaftlichen Führungs-Forschung fragt daher danach, „inwiefern es Führungsakteuren gelingt, den sich eröffnenden Handlungskorridor zu nutzen oder nötigenfalls zu erweitern" (Glaab 2013, S. 351) – gelegentliche ungewollte Effekte wie den Aufstieg neugegründeter Parteien eingeschlossen. Dahinter verbergen sich Führungsleistungen anderer, aber nicht zwingend Führungsversagen: Wer eine Wahl verliert, muss kein untauglicher Führer sein, sondern hat ein Angebot gemacht, das die Wähler mehrheitlich eben nicht angenommen haben.

Zu Führung gehört übrigens auch Opportunismus. Er kann ein politisches Laster bedeuten, wenn er sich auf kurzsichtige Symbol-Politik beschränkt, oder aber eine politische Tugend, weil selbst die beste Idee für das Gemeinwohl einen günstigen Moment braucht, um in der öffentlichen Debatte wirken zu können. Gerade gewählte Vertreter müssen oft erst einmal einen gewissen

Vertrauenskredit erwerben, ehe sie ihre Anhänger für tiefgreifende Veränderungen begeistern können (Hollander 1958, S. 124 f.). Insofern kann Opportunismus auch das kluge Kalkül meinen, einer Idee zum Durchbruch zu verhelfen – die Gunst der Stunde nutzend. Nicht zufällig machen sich die meisten ruhmreichen Führungserzählungen an der Außenpolitik oder gar an Kriegen fest, jedenfalls an unvorhersehbaren Momenten, auf die man sich dennoch vorbereiten kann. So haben nur die wenigsten Zeitgenossen im Herbst des Jahres 1989 den Fall der Berliner Mauer erwartet, erst recht nicht die so extrem rasche Wiedervereinigung. Aber die damalige Bundesregierung hatte beispielsweise durch die Wiederaufnahme der „Berichte zur Lage der Nation im geteilten Deutschland" erstens administrative Ressourcen auf die Deutschlandpolitik gelenkt, zweitens aber öffentliche Aufmerksamkeit – und dadurch auch eine strategische Orientierung angeboten, die am Ende die Bevölkerung im Westen wie im Osten ansprach (apropos: Führung übte damals nicht nur die Bundesregierung aus, sondern zum Beispiel ebenfalls die Protagonisten der zahlreichen Runden Tische).

Warum solche Geschehnisse heroische Führungs-Gemälde dominieren, ist leicht erklärt: weil in solchen Ausnahmesituationen rasch gehandelt statt langwierig verhandelt wird. Intensive Aushandlungsprozesse aber dominieren die Innenpolitik, in der sich ein anderer Führungs-Modus stärker zeigt: möglichst gut begründete Angebote in die politische Debatte einzubringen. Politische Führung macht weniger die Annahme ihres Angebots aus als der Prozess, dieses Angebot in der Interaktion auch mit der Öffentlichkeit weiterzuentwickeln, gegebenenfalls sogar in ganz andere Richtungen als in die ursprünglich beabsichtigte. Diejenigen, die Führung ausüben, sind autonome, aber keine souveränen Akteure, weil sie von der unmittelbaren oder mittelbaren Zustimmung anderer abhängig sind; sie müssen am Ende jedoch entscheiden, „was im Folgenden sie anerkennen und repräsentieren wollen, und was nicht" (Burns 1979, S. 459).

Diese bedeutsame Klausel schützt davor, Führende in eine populistische Echokammer einzusperren; wer nicht anerkennen, repräsentieren oder umsetzen möchte, was die Mehrheit wünscht, kann ein Signal setzen, indem er sein Führungsamt aufgibt und gerade dadurch politische Führung ausübt – wie es etwa die Bundesminister Gustav Heinemann aus Protest gegen die Wiederbewaffnung oder Sabine Leutheusser-Schnarrenberger in Abwendung vom „Großen Lauschangriff" getan haben. So gerät der Rücktritt zu einer Extrem-, ja vielleicht sogar zu einer Maximalform politischer Führung: Auch er treibt die Kommunikation über politische Anliegen und Ziele voran.

Das gilt übrigens auch für Anliegen und Ziele, die einem aufgeklärten Demokraten unsympathisch erscheinen müssen: etwa xenophobe oder diskriminierende. Es verkennt die systematische Funktion von Führung, sie normativ als die Erfüllung „guter" Politik zu definieren; auch Jörg Haider, Jean-Marie Le Pen oder Silvio Berlusconi haben auf ihre Weise geführt und in vielen Wahlen reüssiert, ganz zu schweigen von der Raffinesse, mit der die Propagandisten der NSDAP ihren „Führer" massenwirksam zu inszenieren wussten (Herbst 2010, S. 196 ff.). Diese weniger beliebten Beispiele machen klar, worin Führung eigentlich besteht. Sie dient der Setzung kollektiver Zwecke, indem sie Richtungen weist: Sie zeigt klar und deutlich an, wo es hingehen kann oder soll – wo es hingehen wird, entscheiden am Ende gleichwohl nicht die Führenden allein.

Zugespitzt, wenngleich etwas postmodern formuliert: Das Gut, über das Führende disponieren, heißt nicht Macht, und es heißt auch nicht Gemeinwohl. Letztlich lenken sie Aufmerksamkeit auf das, was sie zur Diskussion stellen. Erfolgreiche Führung besteht in der gesellschaftlichen Beachtung eines Anliegens, nicht in der ungeschmälerten Übernahme eines konkreten Vorschlags, wie man diesem Anliegen am ehesten gerecht werden könne (Eckert 2013, S. 44). Deshalb bedeutet Integration auch keinen einmaligen Akt, sondern ein iteratives Verfahren: sogar als Dauer- und Hauptaufgabe von Führenden, die in einer „Lernenden Organisation" agieren (Oetzel 1997, S. 340). Adenauers sprichwörtliches Verwerfen seines „Geschwätzes von gestern" kann kühlen Machiavellismus bedeuten (weil es dem raffinierten Staatsmann genügt, sich mit dem gestrigen Geschwätz anderer aufzuhalten), aber auch eine urdemokratische Tugend ausdrücken – nämlich die Bereitschaft, jeden Tag aufs Neue zu bedenken und zu bereden und nolens volens auszuführen, was dem Gemeinwohl am ehesten zu dienen vermag.

3
Führung und Verführung: Die Herausforderung der Demokratie

Politische Führung gibt es in allen Staats- und Regierungsformen – und letztlich selbst dort, wo es weder einen Staat noch eine Regierung im engeren, modernen Sinne gibt. Wenn Führung vornehmlich darin besteht, gemeinsame politische Ziele als Übereinstimmungs-Angebot in die politische Debatte einzubringen, setzt sie zunächst keine formelle Macht voraus, sondern nur die Gelegenheit, an der Diskussion mitzuwirken – auch im parlamentarischen System: um Meinungsführer in der Öffentlichkeit zu sein, braucht man keinesfalls zwingend ein Abgeordnetenmandat oder einen Ministerposten. Führung ist also mitnichten per se an Ämter oder an die damit verbundenen Befugnisse gebunden (Selznick 1957, S. 24); Nicht-Regierungs-Organisationen oder andere zivilgesellschaftliche Akteure üben schließlich auch Führung aus, obschon beispielsweise weder in der „Tea Party" noch in „Occupy Wall Street" klassische Führungsgestalten sichtbar sind (Mudde und Kaltwasser 2014, S. 385), noch in den Protesten

© Springer Fachmedien Wiesbaden GmbH, ein Teil von
Springer Nature 2019
G. Eckert, *Politische Führung*, Elemente der Politik,
https://doi.org/10.1007/978-3-658-24278-7_3

gegen den Bahnhofsneubau Stuttgart 21 oder in manchen anderen Initiativen.

Solche Befunde gemahnen an einen klassischen Gedanken, an die Unterscheidung zwischen Macht und Autorität (die auf die augusteische Propaganda zurückgeht, doch mehr als nur Propaganda bedeutet: Augustus 2015, S. 52); Autorität wiederum ist nicht institutionell gebunden, sondern personell geprägt. Selbst innerhalb von Institutionen lässt sich dieser Unterschied fassen, etwa in John F. Kennedys ex post erfolgreichem Agieren in der Kuba-Krise, während der die Beratungen im Weißen Haus gerade nicht hierarchischen Routinen verpflichtet waren (Freedman 2000, S. 170) – oder in den diversen „Küchenkabinetten" anderer Regierungschefs. Henry Kissinger oder Helmut Schmidt wiederum sind eindrucksvolle Beispiele für „elder statesmen", die einen großen Teil ihrer Wirkung erst nach ihrem Ausscheiden aus Exekutivämtern entfaltet haben, durchaus jenseits der Partei-Bindungen.

Deshalb hat die folgende Definition von politischer Führung, die auf radikal schlichte Weise beschreibt, eine nüchtern-funktionale Plausibilität für sich: „having followers" (Grint 2010, S. 2). Ein solches Verhältnis beruht auf einem wie auch immer gearteten Konsens. Follower kann man kaum (er)zwingen, jedenfalls nicht dauerhaft, nicht einmal in Diktaturen, die auf ihre Weise vom Prinzip des Teilens und Herrschens durchdrungen sind; in Demokratien stellen Follower erst recht souveräne Akteure dar (Fliegauf und Kießling und Novy 2008, S. 403), auch und gerade in den Parteien. Sie wollen ernst, wahr- und mitgenommen werden. Wo das misslingt, erodiert Führung. In so einer Situation riet Willy Brandt einmal Helmut Schmidt, der insbesondere am Ende seiner Kanzlerschaft im Sinne der Staatsraison, jedoch an seiner Partei vorbeiregierte: „Du solltest der Partei manchmal noch stärker den Einfluß vermitteln, dass Du um sie wirbst und Dich mit dem identifizierst, was sie in ihrer großen Mehrheit darstellt" (Zit. Karlauf 2016, S. 39).

Dieses Zitat macht anschaulich, wie sehr Führung die Demokratie herausfordert. Hier muss sich Führung theoretisch wie praktisch in eine politische Ordnung einfügen, deren Maximen in Freiheit und Gleichheit bestehen statt in Gehorsam und Unterordnung. Normativ geht alle Führung vom besagten Follower aus. Insofern ist „Followership" (Kellerman 2008, S. XXI) zu Recht ins Zentrum der Führungs-Diskussion geraten – wiewohl der Begriff des Followers wiederum seine eigenen Tücken hat. Er vermag politische Führung innerhalb von Parteien und anderen Organisationen trefflich zu beschreiben, setzt aber eine gewisse Dauerhaftigkeit der Beziehung voraus und neigt folglich zur Ausblendung bestimmender Akteure in der Demokratie: der Wähler (Blondel 2014, S. 710 f.), die sich immer weniger als Anhänger eines Politikers oder einer Partei begreifen (lassen).

Die jüngere Leadership-Forschung jedenfalls betrachtet Führung nicht allein aus der Sicht der Führenden, sondern vornehmlich als Interaktion, die wenigstens einen Minimal-Konsens voraussetzt zwischen denjenigen, die führen, und denjenigen, die sich führen lassen – sowohl im spezifischen Moment der Wahl als auch auf Dauer; Demokratie lebt davon, dass Gewinner wie Verlierer das Ergebnis von Wahlen und Abstimmungen anerkennen, dass Mehrheiten und Minderheiten einander respektieren. Führung schafft einerseits Stabilität. Andererseits ist sie ein immer neu zu verhandelndes, also labiles Verhältnis zwischen souveränen Akteuren, das immer neuerliche Übereinstimmung und deren ostentative Bekundung voraussetzt: dokumentiert bei der Stimmabgabe, inszeniert auch in Facebook-Likes oder dergleichen. Roman Herzog hat diesen Zusammenhang einmal folgendermaßen pointiert: „Führung ist die Fähigkeit, andere dazu zu bringen, freiwillig die gleiche Meinung zu vertreten wie der, der die Führung in Anspruch nimmt" (Herzog 2009, S. 454).

Eine der Pointen dieser Beschreibung liegt darin, dass sie Raum für unterschiedliche Arten und Motive der Bindung lässt: Bindung kann durch subtile Manipulation des Führenden zustandekommen, aber auch durch enthusiastische Überzeugung des Followers – so schwer beides in der Praxis mitunter auch zu unterscheiden ist. Schließlich spricht die Demokratie jedem Bürger die Kompetenz zu, sich nach bestem Wissen und Gewissen für ein politisches Programm, eine Partei etc. zu entscheiden; ob nun aus Interessenkalkül, aus Sympathie oder aus welchen Gründen auch immer, kann sie ohnehin nicht kontrollieren. So oder so: Politische Führung in Demokratien beruht theoretisch wie praktisch auf (relativer) Übereinstimmung derjenigen, die führen, und derjenigen, die ein Führungsverhältnis recht eigentlich begründen, indem sie sich führen lassen.

Solche strukturellen Befunde erhärten die Annahme, dass Führung vor allem eine Kommunikationsleistung darstellt, einen Austausch- und Anpassungsprozess, bei dem sich der Führende vielfach eher an die Geführten annähert als umgekehrt. Führung kommt am Ende immer von unten zustande, mögen am Anfang auch Initiativen von oben erfolgt sein. Deshalb stehen Interaktion und Responsivität im Mittelpunkt dieses Buchteils, eingerahmt am Ende von einem Kapitel über die Schlüsselfunktion, die dabei Werte einnehmen – und am Anfang von einem Kapitel, das die Eigenart politischer Führung unter Bedingungen der parlamentarischen Demokratie zu skizzieren sucht: auch und gerade mit Blick auf jenen Sektor, dessen Leadership-Debatten zuletzt gerade in seiner Hinwendung zu Bindungsfaktoren wie Vertrauen so anregend auf das Nachdenken über politische Führung zurückgewirkt haben, den wirtschaftlichen nämlich.

3.1 Jenseits bloßen Managements: Zur Eigenständigkeit von Führung in der Politik

Politik ist ein weites Feld. Ein parteiungebundener Dorfbürgermeister wird anders führen können und müssen als eine Bundeskanzlerin; die Prinzipien mögen sich gleichen, die Kommunikationsformen hingegen unterscheiden sich. Patentrezepte lassen sich für so heterogene Anforderungen kaum formulieren, erst recht nicht sektorenübergreifend. Gleichwohl lässt sich die Debatte um Führung in der Politik weder systematisch noch genetisch von derjenigen um Führung in der Wirtschaft trennen; politische Akteure als nutzenmaximierende Unternehmer aufzufassen (Downs 1957), hat sich bei aller problematischen Eindimensionalität als fruchtbarer Deutungsansatz erwiesen.

Wer daraus schließt, die Politikwissenschaft hätte eine einseitige Übernahme ökonomischer Begrifflichkeiten und Zielsetzungen betrieben, irrt freilich; so impliziert etwa der Wandel vom Shareholder- zum Stakeholder-Ansatz immerhin einen indirekten Gemeinwohlbezug. Ohnehin ist just die wirkungsreiche Institutionenökonomik aus einer eminent politischen Wurzel entsprossen; der Neoinstitutionalismus, der sich für das Agieren von Menschen in Institutionen interessiert, erwuchs ausgerechnet aus einer Pionierstudie über den Medianwähler aus dem Jahre 1929 (Söllner 2001, S. 157); als die neuen Management-Lehren der 1920er Jahre sich um die Integration immer größerer Menschenmassen in den Betrieben sorgten und dabei die „zwischenmenschlichen Beziehungen" konzipierten, hatten sie dabei auch und gerade die Integration von Frauen im Fokus (Illouz 2011, S. 123) – nunmehr ja auch Wählerinnen. In Politik wie Wirtschaft fiel der Blick nun auf Unbewusstes und Unterbewusstes, auf Psychologie und

Massenpsychologie (Bracher 1982, S. 36); viele Zeitgenossen erhofften sich daraus wichtige Erkenntnisse für eine Führungsweise, mit der sich eine jeweils unüberschaubare, heterogene Menge von Menschen dauerhaft organisieren lasse.

Gerade der Beginn des 20. Jahrhunderts war die große Zeit der Führungs-Diskussionen, übrigens auch in einem dritten Sektor, der sowohl mit dem politischen als auch mit dem ökonomischen verschränkt war: im Militär. So erfolgte die Gründung des Generalstabs der Vereinigten Staaten in enger Orientierung an Wirtschaftsunternehmen, in denen alle Zweige unter einem Chef vereinigt waren (Zimmerli 2016, S. 59); neben Standardisierung gehörte dazu auch eine strikte Effizienzbeurteilung, die über Beförderungen oder Rückstufungen entschied (Zimmerli 2016, S. 78), eher als charakterlicher Schneid, die klassische Tugend des Soldaten. Als sich die Amerikaner nach dem Zweiten Weltkrieg über ihre Verlustraten wunderten, die trotz enormer Materialüberlegenheit weit über denjenigen der Wehrmacht gelegen hatten, entstanden daraus umfangreiche Studien, die ausgerechnet im der vermeintlich so hierarchiegebundenen deutschen Heer die hohe Autonomie der Offiziere vor Ort als Führungsvorteil werteten (beispielhaft: Creveld 1989). In den USA ließ sich darüber unbefangener diskutieren als in Deutschland; so manche ehemaligen Generäle haben dort politische Karrieren eingeschlagen, beispielsweise Dwight D. Eisenhower oder Alexander Haig oder Colin Powell. Noch Heldengemälde unserer Gegenwart suggerieren, dass „die besten Praktiken und Lektionen" (Broadwell 2012, S. 13) erfolgreicher Spitzenmilitärs in der Politik angewendet werden könnten.

Selbst in Deutschland gab es nach dem Zweiten Weltkrieg einen Transfer von militärischer in ökonomische Führungs-Konzepte, die wiederum eine entschieden politische Färbung annehmen. Eine kommerzielle Variante der Auftragstaktik entwickelte der frühere SS-Offizier Reinhard Höhn in seinem „Bad Harzburger Modell", eine wirkungsreiche und in zahlreichen Seminarveranstaltungen breit rezipierte Management-Lehre der 1970er Jahre (Wildt 2011, S. 263) – die darauf setzte, Entscheidungen möglichst nahe an der wirtschaftlichen Front zu treffen, in Kenntnis der genauen Umstände. Weder konnte noch wollte das „Harzburger Modell" diesen Ursprung verhehlen, zumal es bei aller Freiheit vor Ort auf strikter Einhaltung des Dienstwegs bestand (Höhn 1970, S. 35). Es war in seinem Beharren auf sozialer Ordnung überdies an Vorstellungen der Volksgemeinschaft angelehnt (Wildt 2011, S. 264 f.), doch entschieden als Gegensatz zu „autoritärer Führung" angelegt: „In einem Unternehmen dagegen, das mit Delegation von Verantwortung führt, wird der *Staatsbürger von morgen herangebildet*", argumentierte Höhn damals (Höhn 1970, S. 38: Hervorhebung im Original).

Es gibt neben historischen zudem systematisch gute Gründe, ökonomische Führungs-Konzepte auch politisch ernst zu nehmen: um vor den offenkundigen Disanalogien nicht die bedeutsamen Analogien zu übersehen. So deliberativ viele politische Prozesse auch angelegt sein müssen – in der Umsetzung von Beschlüssen bedarf es des möglichst wirtschaftlichen Einsatzes von Ressourcen, erst recht von Steuermitteln. Ein Ministerium muss effektiv und effizient arbeiten; dazu kann es sich durchaus bewährte Management-Techniken aus der Wirtschaft zu eigen machen, angepasst an die besonderen Anforderungen einer öffentlichen Verwaltung (wie sich zuletzt insbesondere im Bundesverteidigungsministerium gezeigt hat).

Gewiss ist die Mahnung berechtigt: „eine effiziente Regierung ist noch keine an sich gute Regierung" (Bobbio 2009, S. 57). Als nicht hinreichende, jedoch notwendige

Bedingung für eine gute Regierung darf man Effizienz gleichwohl bewerten, egal ob man an Flughäfen, an Rüstungsmaßnahmen oder an Konzertsäle denkt, die wegen unzureichender Aufsicht preislich wie zeitlich aus den Fugen geraten sind. Überall, wo politische Beschlüsse umgesetzt werden müssen, sind auch Manager-Qualitäten gefragt; das lässt sich an Großprojekten beobachten, die nicht nur finanziell aus dem Rahmen laufen. Die Forderung nach höchster, rechenschaftspflichtiger Wirtschaftlichkeit ist im Umgang mit knappen, öffentlichen Ressourcen sogar in höchstem Grade legitim.

Gerade in großen Institutionen laufen überdies bisweilen vergleichbare und im Vergleich verbesserungsfähige soziale Mechanismen ab. Manche Erkenntnisse aus ökonomischen Führungskonzepten, etwa das „Führen durch Zielvereinbarung" (Doppler und Lauterburg 2009, S. 269), lassen sich vergleichsweise unverändert übertragen; bei allen Unterschieden zwischen den Systemen bestehen oftmals strukturelle Gemeinsamkeiten. Manche Führungstechniken, die aus der Wirtschaft, aus dem Ehrenamt oder aus andere Sektoren stammen, darf man getrost auf die Rolle von Ministern als Behördenchefs etc. übertragen; für die Detailarbeit steht schließlich eine kompetente Bürokratie zur Verfügung, die personelle Umbrüche an der Spitze durch Routinen auffängt – im Extremfall über Jahre hinweg: Walter Strauß überdauerte als beamteter Staatssekretär im Bundesministerium der Justiz von 1949 bis 1963 gleich mehrere parteiübergreifende Ministerwechsel, Otto Schlecht von 1973 bis 1991 im Bundeswirtschaftsministerium desgleichen. Ähnliche Kontinuitäten lassen sich auch in Parteistäben und Parteistiftungen nachweisen.

Eine weitere wichtige Gemeinsamkeit verbindet Führung in Politik und Wirtschaft. Politiker und Manager müssen sich mit verschiedenen Handlungslogiken arrangieren und sich rasch an neue Kontexte anpassen können; in einem Unternehmen kann ein harscher Führungsstil zwar Entscheidungsfähigkeit und Handlungsschnelligkeit mit sich bringen (Rooke und Torbert 2005, S. 22), aber riskiert rasch die Entfremdung der Mitarbeiter; ein ausgleichender Führungsstil hingegen kann womöglich zur Verschleppung wichtiger Entscheidungen führen und dergleichen mehr, ebenso wie in der Politik. Abgesehen davon lässt sich aus den mannigfachen Studien über Change Management auch lernen, wie eng gelegentlich die Grenzen der Souveränität von Führungsakteuren gesteckt sind. Meist findet jeweils ein doppelter Anpassungsprozess statt, ob in großen Unternehmen, in Parteien oder in Ministerien: der jeweilige Amtsinhaber passt sich an das Amt an, aber auch das Amt sich an den jeweiligen Amtsinhaber – es kommt hier wie dort darauf an, die Mitarbeiter für die eigenen Projekte zu gewinnen, allerorten Überzeugungsarbeit zu leisten und Orientierung zu stiften.

Lernen kann politische Führung aber nicht nur aus Prozeduren und Mechanismen wirtschaftlicher Führung, sondern auch aus Strukturen – bis hin zur Abgrenzung: einzelne Unternehmen sind zunächst ihrem Betriebsergebnis verpflichtet, einzelne Parteien ihren Wählern, aber die Inhaber öffentlicher Ämter nun einmal dem Gemeinwohl. Ein Regierungschef ist gegenüber dem gesamten Volk rechenschaftspflichtig, ein Wirtschaftsführer hingegen primär seinen Unternehmensbesitzern, den Shareholdern, erst sekundär den gesellschaftlichen Stakeholdern. Diese Verpflichtung schafft einen kategorialen Unterschied. Dazu gehört auch, dass sich das Gemeinwohl nicht objektiv zahlenförmig ermitteln lässt, anders als ein Betriebsergebnis; in der Politik erfolgt der Leistungsnachweis weniger über Kennzahlen als über die öffentliche Einschätzung (Grasselt und Korte 2007, S. 44). Die kurz-, mittel- und langfristig bedeutsamen ökonomischen Daten mögen zwar vergleichsweise unstrittig sein. Arbeitslosenstatistik, Staatsverschuldung, Umfang der Sozialleistungen oder Kampfkraft der Streitkräfte lassen sich als solche klar beziffern. Aber welche dieser Kennzahlen als der tauglichere Indikator erfolgreicher Politik gelten soll, wird sich auch nicht mittels Meinungsumfragen und Wahlen errechnen lassen, sondern in jeder Debatte neu bestimmt.

Hier enden also die Analogien – und zugleich heben sie neu an. Gerade ökonomischen Führungs-Theorien und -Praktiken lassen sich instruktive Lektionen auch für die Politik entnehmen; vielfach liegen die Probleme ähnlich, auch wenn sie in jedem Sektor nach spezifischen Lösungen verlangen. Der Wandel im wirtschaftlichen Denken über Führung kann auch die Politik inspirieren. Es fehlt auch in der Politik an jenen *„Universalgenies"*, nach denen die Geschäftswelt erfolglos verlangt (Malik 2009, S. 35: Hervorhebung im Original). Im Sinne eines „postheroischen" Führungsideals (Baecker 2015) hat die ökonomische Leadership-Diskussion die klassische Überlegung, wer der geeignete bzw. richtige Führer sei, im Laufe des 20. Jahrhunderts daher in eine andere Fragestellung transformiert: *„Was ist richtige Führung?"* (Malik 2009, S. 59: Hervorhebung im Original).

Führung bedeutet dabei Führung im engeren Sinne: Nicht alles, was Führende machen, meint schlechthin Führung. Vielmehr ergibt sich der Führungs-Begriff im engeren Sinne erst in der strikten Abgrenzung von „Management": Die Unterscheidung von Führung und Management meint wesentlich die Gegenüberstellung von Momenten entschiedenen Handelns und Routine, von Strategie und Taktik, vom Denken samt Handeln über den Tag hinaus und Alltagsgeschäft. In der Theorie lässt sich diese Unterscheidung relativ klar treffen, in der Praxis verschwimmen die Grenzen, weil beides fließend ineinander übergeht. Fast alle taktischen Entscheidungen haben strategische Auswirkungen: die berüchtigten Pfadabhängigkeiten etwa. Umgekehrt werden Strategien scheitern, deren taktische Umsetzung unbedacht bleibt; zu allem Überfluss erweist sich oftmals erst im Nachhinein, welche Handlungen oder Unterlassungen eigentlich zu Management beziehungsweise Führung gehört haben respektive hätten gehören sollen. Was in dieser Unterscheidung meist mitgedacht wird, lässt sich in Tab. 3.1 abbilden; sie zeigt verschiedene Aggregatzustände politischen Handelns.

Diese Unterscheidung hat eine längere Vorgeschichte, einen Paradigmenwechsel im ökonomischen Führungsdenken – der seinerseits aus der zunehmenden Integration der empirischen Psychologie resultierte. Daraus ergab sich in der zweiten Hälfte des 20. Jahrhunderts eine Trendwende, die sogar die Reorganisation ganzer Produktionsabläufe antrieb (Becker 2006, S. 309 ff.); ihre Gemeinsamkeit bestand bei allen Differenzen darin, selbst den einzelnen Bandarbeiter als wichtigen Akteur zu begreifen; im weithin aufgegriffenen japanischen Kaizen-System beispielsweise wirkt er an einem kontinuierlichen Verbesserungsprozess mit (Bertagnoli 2018, S. 152). Ohnehin wurden in Deutschland seit den 1980er Jahren vielfach japanische Führungs-Lehren rezipiert, die auf selbstständige, lernende Teams setzten (Kleinschmidt 2002, S. 383). Ausgangspunkt solcher

Tab. 3.1 Management und Führung im Vergleich

	Management	Führung
Zeitdimension	Moment	Zukunft
Denkweise	Taktik	Strategie
Priorität	Alltagsgeschäft	Wandel
Motivation	Extrinsisch	Intrinsisch

Quelle: Eigene Darstellung

Konzepte war die im demokratischen Zeitalter erst recht plausible Überlegung, dass sich starre Strukturen von Befehl und Gehorsam negativ auf die Leistung des Unternehmens auswirken – weil sie sowohl die Ideenfindung als auch die Motivation der Mitarbeiter blockieren.

Insbesondere dem letzteren Problem widmeten sich Leadership-Forscher seit den 1950er Jahren, ausgehend vorwiegend von den USA. Ihr geschärfter Blick auf Interaktion setzte institutionell und psychologisch an, indem er Aushandlungsprozesse zwischen Führenden und Geführten unter die Lupe nahm; er erfasste nicht allein „top-down"-Prozesse, sondern erweiterte den Fokus der Betrachtung auf „bottom-up"-Dynamiken – von der Befehlsverweigerung bis zur enthusiastischen Mitgestaltung. Stark vom psychologischen Erkenntnissen geprägt, ist daraus zunächst das Konzept der „transaktionalen" Führung entstanden, das vor allem der amerikanische Politikwissenschaftler James MacGregor Burns geformt hat: Es setzt auf eine Zielvorgabe von oben, aber delegiert die Wahl der zur Zielerreichung tauglichen Mittel an untere Ebenen und eröffnet dort Handlungsspielräume, deren Nutzung am Ende belohnt oder sanktioniert wird. Im Zentrum steht dabei die namensgebende Transaktion: Mitarbeiter erbringen eine Leistung, die der Vorgesetzte prämieren soll, dessen Leistung seinerseits vor allem darin besteht, den Mitarbeitern verbindliche Ziele zu setzen und deren Erreichung zu kontrollieren („Management by Objectives"). Führer und Geführte erscheinen dann „als solche, die auf dem politischen Marktplatz Belohnungen austauschen" (Burns 1979, S. 258).

Die Ausbaustufe dieses Konzepts, dem manche auch aufgrund seiner Orientierung an der Bedürfnispyramide des Psychologen Abraham Maslow eine allzu große Nähe zu simplen Konzepten von Zuckerbrot und Peitsche attestiert haben, besteht in der „transformationalen" Führung.

Sie setzt am neuralgischen Punkt der transaktionalen Führung an, nämlich an deren Verankerung in den Eigeninteressen der Beteiligten. Rechnet transaktionale Führung eher auf die extrinsische Motivation der Geführten, so vertraut transformationale Führung wesentlich auf intrinsischem Handeln und den Kräften, die dieses zu wecken vermag: Gefragt sind hier Überzeugungstäter. Dieses Paradigma, das wiederum James MacGregor Burns in den 1990er Jahren zu Geltung gebracht hat, ist eher auf langfristige als auf kurzfristige Ziele orientiert, interessiert sich eher für Systemwandel als für bloße Systemerhaltung; in seinem Zentrum steht die Überzeugung, dass eine erfolgreiche Behauptung von Organisationen nur durch Wandel gelingen könne – als Transformation, die ihrerseits voraussetzt, dass sich alle zu einer gemeinsamen Vision verbinden. Führung dient dann als „eine Handlungsstruktur, die Menschen engagiert" (Burns 1979, S. 3). Dazu passen jüngere Befunde aus der Psychologie, die etwa die motivierende Rolle von Respekt belegen (Quaquebeke und Eckloff 2010) – bis hin zur pointierten These, in gewisser Weise stelle jede „Führung, so sie funktioniert, im Grunde eine Liebesgeschichte" dar (Sprenger 2008, S. 57).

Führende bieten in diesem Modell möglichst inspirierende Ideale an, aus eher unwilligen, gelegentlich mürrisch Geführten werden dadurch enthusiastisch Folgende, zumindest in der Idealvorstellung; Tony Blair hat Führung in seinen Memoiren als „ein Bedürfnis, Gutes zu tun" (Blair 2010, S. 194) definiert und sich dabei auf Moses als Vorbild berufen. Der Tatbestand wahrer politischer Führung ist in solchen Denkmodellen erst dann erfüllt, „wenn sie sich auf Zwecke bezieht, die aus End-Zwecken wie Sicherheit und Ordnung, Freiheit und Gleichheit, Freiheit und Gerechtigkeit resultieren und sich auf eben diese richten" (Burns 1979, S. 430). Es handelt sich deshalb um eine Idealvorstellung, weil sie einer normativen Vorgabe verpflichtet ist: „Der letzte Test von praktischer Führung ist die Umsetzung von beabsichtigtem, wirklichem Wandel, der die andauernden Bedürfnisse des Volks befriedigt" (Burns 1979, S. 461). Worin diese Bedürfnisse nun konkret bestehen, bleibt freilich nicht nur in diesem Führungsmodell eine Leerstelle – und im Übrigen auch, dass das Insistieren auf Wandel sehr epochenspezifisch ist: Konrad Adenauer hat schließlich in der Bundestagswahl des Jahres 1957 mit dem im Kalten Krieg besonders wirksamen Slogan „Keine Experimente" mit der Union eine absolute Mehrheit errungen.

Mittlerweile existieren zahlreiche Zusätze und Modifikationen zu dieser Unterscheidung. Um nur eine der jüngsten zu nennen: Von „transformativen" Führern mag man noch „neudefinierende" Führer absetzen wollen, die nicht das System selbst verändern, sondern „die Mitte in die von ihnen vertretene Richtung zu verschieben" vermögen (Brown 2018, S. 34 f.). Doch solche Verfeinerungen tangieren das übergeordnete Prinzip dieser Unterscheidung kaum. Die Politikwissenschaft hat sie systematisch aufgegriffen, die angloamerikanische zunächst umfassender als die deutschsprachige, die sich erst seit den 2000er Jahren verstärkt damit auseinandersetzt – getragen vom Wunsch nach einer Transformation der Politik überhaupt. So eine Transformation gelingt indes selbst unter diktatorischen Umständen selten: „Macht in den Verhältnissen" ist weitaus leichter zu erringen als „Macht über die Verhältnisse", wie schon das antike Beispiel Caesars zeigt (Meier 1980, S. 20).

Letztlich lässt sich die Unterscheidung zwischen „transaktionaler" und „transformativer" Führung, zwischen Management und Leadership, auf den Gegensatz zwischen taktischen und strategischen Akteuren, zwischen Alltagsgeschäft und langfristiger Orientierung reduzieren. Sie macht erst auf eine Tätigkeit aufmerksam, die im unvermeidlichen täglichen Klein-Klein leicht in Vergessenheit gerät, nämlich das Nachdenken über die großen Ziele – ob nun eines Unternehmens oder eines Verbands oder einer Partei oder eines Staates. Solche Reflexionsprozesse tun Not und sie tun gut, aber sie fallen oft schwer: teils wegen divergierender Interessen, teils aufgrund der Zwänge des Tagesbetriebs, umso mehr in hektischen, unübersichtlichen Zeiten des rapiden Wandels. Dabei besteht das Kerngeschäft der Führung vor allem darin, Richtungsentscheidungen zu betreiben. Folglich kommt es gerade im unübersichtlichen Alltag auf Strategiefähigkeit als Kernkompetenz an (Raschke und Tils 2011, S. 32): um Räume für Diskussionen zu öffnen, um sich vom genau definierten eigenen Standpunkt aus auf vereinbarte Ziele zuzubewegen.

Darin besteht wiederum eine Analogie zwischen Wirtschaft und Politik, die Aufmerksamkeit lohnt: Führung soll allerorten Orientierung stiften (helfen). Diese Analogie hat schon zu weitgespannten Reform-Hoffnungen Anlass gegeben: „Im Neubau der Gesellschaft wird die Wirtschaft zum Hauptfach der Führungskräfte, und ihre Männer werden in einer wesentlich gesellschaftlich und ökonomisch orientierten Welt im Nebenfach desto erfolgreichere Politiker werden" (Gross 1954, S. 86), so lautet eine von zahlreichen einschlägigen Utopien aus den 1950er Jahren. Diese Konvergenz-Hoffnung hat sich freilich nicht einlösen lassen, schon der unterschiedlichen System-Logiken und Rekrutierungsmuster halber. Wirtschaftliche Führungspositionen werden von oben besetzt, nicht von unten: vor allem in großen Unternehmen auch nach „politischen" Gesichtspunkten wie Proporzen der Geschäftsbereiche etc., aber eben von der Spitze statt von der Basis beschlossen.

Wahlkampf hingegen schafft ein Assessment-Center eigener Art; hier gewinnt nicht, wer ein vordefiniertes Anforderungsprofil am besten erfüllt, sondern wer die meisten Wähler gewinnt, auf welche mitunter zweifelhafte

Weise auch immer. In von oben gesteuerten Verfahren lassen sich Kriterien definieren, die sich sogar auf die Persönlichkeiten der Kandidaten beziehen: um Positionen zu besetzen, „für die sie auf Grund ihrer Persönlichkeit geeignet sind" (Neubauer und Hogan 2006, S. 110). Innerhalb von Parteien oder Ministerien können solche Verfahren bisweilen gelingen, aber nicht, wenn das Volk zur Urne schreitet oder auch nur die Delegierten des Parteitages. Partei nämlich, so eine Insider-Einschätzung, kann „manchmal unglaublich brutal sein. Qualifikation, Charisma oder eine akademische Ausbildung sind zwar nicht hinderlich, aber im entscheidenden Moment unwichtig: bei Wahlen" (Wowereit 2007, S. 133 f.). Sie bedeuten die wichtigste Form der politischen Zielvereinbarung, sie können Chaos schaffen, aber eben auch kreatives: Wer gegen einen amtierenden Parteivorsitzenden zur Wahl antritt, ist kein Revoltenführer oder Putschist, sondern ein weiterer Kandidat, der ein spezielles Führungs-Angebot unterbreitet.

3.2 Interaktion und Responsivität: Geführte machen Führung

Jahrhunderte-, ja sogar jahrtausendelang hat das Verständnis von politischer Führung an der Spitze begonnen: „top-down". Dieses Narrativ war einer Wirklichkeit entnommen, in der nun einmal Eliten die Politik dominierten – erst seit rund einhundert Jahren dürfen in den meisten westlichen Staaten alle erwachsenen Staatsbürger gleichberechtigt an der politischen Willensbildung durch Wahlen (und nicht zu vergessen: durch freie Meinungsäußerung) mitwirken. Auf Führung von oben zu blicken, hat auch heute noch eine gewisse Plausibilität; politische Initiativen mögen gesellschaftliche Wünsche widerspiegeln, aber das mediale Scheinwerferlicht richtet sich eben auf deren Reflexionen an der Spitze, in Gestalt politischer Handlungen vor allem exponierter Mitglieder von Regierungen, Parlamenten und Parteien. Gleichwohl braucht es die komplementäre Sichtweise des „bottom-up". Spätestens die Pioniere der Sozialwissenschaft um 1900 wie Max Weber haben mit dem Mythos des „großen Mannes" gebrochen, dem die „kleinen Leute" gedanken- und willenlos folgten – sie bestanden darauf, dass die „kleinen Leute" den „großen Mann" als solchen erst herstellen, indem sie ihn als ihren Führer akzeptieren.

Ganz neu war diese Erkenntnis, die seither zahlreiche organisationspsychologische Studien bestätigt haben, zwar nicht. Schon der Philosoph Georg Friedrich Wilhelm Hegel hat zu Beginn des 19. Jahrhunderts auf der Dialektik bestanden, dass selbst der Herr über Sklaven nur solange Herr sein kann, wie der Sklave ihn als solchen anerkenne: Erst indem der Sklave seine Unterordnung eingesteht bzw. praktiziert, macht er seinen Herrn zum Herrn (Hegel 1970, S. 145–155). Auf unsere Begrifflichkeit übertragen, heißt das in etwa: Geführte machen Führung, stellen sie im eigentlichen Sinne vollends her (Kellerman 2008). In Führung treffen mithin das Angebot einer bestimmten Führungsleistung und deren Nachfrage aufeinander; sie entsteht wirksam erst in der Interaktion von Führenden und Geführten. Deshalb liegt es durchaus nahe, „Umfeldkompetenz" (Niermeyer 2010, S. 167) als wesentliche Führungs-Fähigkeit zu definieren.

Der scheinbar paradoxe Befund, dass Führung von unten hergestellt wird, hat eine theoretische und eine praktische Implikation. Die theoretische besteht im Konstruktionscharakter von Führung als einer jeweils kulturell bedingten Norm. Sie kommt in repräsentativ verfassten Demokratien – die man als Polyarchien beschreiben kann (Dahl 1971) – nicht innerhalb einer

Struktur von Befehl und Gehorsam zustande, zumindest nicht wesentlich, sondern resultiert aus gegenseitiger Anerkennung. Auch wenn erst die jüngere Politikwissenschaft darauf insistiert (Fliegauf und Kießling und Novy 2008, S. 405), ist dieser Gedanke ein vergleichsweise klassischer, der beispielsweise dem Konzept des Gesellschaftsvertrags seit alters her vorangeht: sei es als Verbindung, die vertragsförmig die natürliche Geselligkeit des Menschen als eines aristotelischen „politischen Lebewesens" („zoon politikon") besiegelt, sei es als Notgemeinschaft von Egoisten, die aus schierem Selbsterhaltungstrieb in der Unterordnung unter eine vereinbarte Zwangsgewalt wie den Hobbes'schen „Leviathan" übereinkommen.

Wie auch immer die jeweilige Führung geartet sein mag: Sie kann nur Wirksamkeit entfalten, wo sie akzeptiert wird – ohne Anhänger keine Leadership. Selbst Diktatoren brauchen Unterstützer, Sympathisanten oder wenigstens Menschen, denen das jeweilige politische System als kleineres Übel gilt und die dann in Nischen zu überwintern suchen. Auch dieser Extremfall wiederum ist keine Ausnahme von der Regel: Führung geht nicht allein von demjenigen aus, der sie anbietet, sondern kommt nur unter Mitwirkung derjenigen zustande, die dieses Angebot annehmen. Anerkennung mag momentan zu erzwingen sein, aber nicht auf Dauer; wer dauerhaft gegen Werte und Interessen derjenigen verstößt, die er anführt, wird seine Führungsposition nicht lange halten können. Darum wusste im Übrigen schon der Spitzenbeamte Johann Wolfgang von Goethe, der seinem Weimarer Fürsten im Jahre 1784 brieflich berichtete: „Man muß Hindernisse wegnehmen, Begriffe aufklären, Beispiele geben, alle Theihaber zu interessiren suchen, das ist freilich beschweerlicher als befehlen, indessen die einzige Art in einer so wichtigen Sache zum Zwecke zu gelangen, und nicht verändern wollen sondern verändern" (Goethe 1890, S. 397).

Aus der Erkenntnis, dass Führung erst durch ihre Akzeptanz aufseiten der Geführten wirklich zustande kommt, ergeben sich theoretisch wie praktisch drei extreme Verständnisweisen von Führung: eine, die auf eine gezielte Lenkung, wenn nicht gar Manipulation der Geführten durch den Führenden setzt, eine weitere, die Führung als multilateralen Aushandlungsprozess begreift, sowie schließlich eine, der zufolge ein Führer blindlings exekutiert, was die Geführten wünschen oder wenigstens zu wünschen scheinen; so lautet letztlich die Ratio hinter dem Prinzip des Imperativen Mandats, das dem Mandatierten keinen eigenen Entscheidungsraum gewährt, sondern seine Stimmabgabe nur weisungsgebunden delegiert – praktiziert unter anderem im Räte-System nach der Russischen Oktoberrevolution des Jahres 1917. Auch in anderen politischen Lagern gab es gerade am Beginn des 20. Jahrhunderts strukturell verwandte Tendenzen, die auf ähnliche Weise eine Identität von Regierenden und Regierten herzustellen trachteten; eine Kluft zwischen beiden sollte gar nicht erst entstehen, indem Leitungsaufgaben nicht auf eine Elite, sondern auf sehr wörtlich verstandene Repräsentanten übergingen.

Auch so lässt sich Führung eben denken: als Vorstellung, der Führer erfülle „oft nur die typischen Eigenschaften dieser Individuen in besonders scharfer und reiner Ausprägung" (Freud 1967, S. 145), wie es Sigmund Freud formulierte – oder als Vorstellung, Führer müssten sozusagen typische Bürger sein, sollten „nicht als Avantgarde, sondern als Produkt, als Verdichtung des Volkswillens" hervortreten (Mangold-Will 2013, S. 469): So hat es in der Weimarer Zeit der populäre Schriftsteller Emil Ludwig mit Blick auf Mustafa Kemal Atatürk ausgedrückt, seinerzeit international als nachahmenswertes Führer-Ideal wahrgenommen. Der deutsche Rechtsphilosoph Julius Binder bezeichnete wenig später den „wahren" Führer

„als das Organ, in dem der Wille und das Selbstbewusstsein des Volkes als Person zur Wirklichkeit gelangt, so dass Führer und Geführte Wechselbegriffe sind" (Binder 1929, S. 11 f.). In diesem anti-parlamentarischen Konzept wurde der Führer nicht gewählt, wuchs nicht einmal aus der Gesellschaft heraus, sondern in sie hinein: „Der Führer kann nicht gemacht, kann in diesem Sinne auch nicht ausgelesen werden; der Führer macht sich selbst, indem er die Geschichte seines Volkes begreift, indem er sich als Führer weiß und will" (Binder 1929, S. 51).

Max Weber hatte derlei zeitgenössische Vorstellungen aufgegriffen, als er die seines Erachtens spezifische Differenz der Demokratie benannte. Darin werde der Führer, „solange er ihr [der Wähler] Vertrauen mit Erfolg in Anspruch nimmt, durchaus nach eigenem Ermessen handeln (Führer-Demokratie) und nicht, wie der Beamte, gemäß dem (in einem ‚imperativen Mandat') ausgesprochenen oder vermuteten Willen der Wähler" (Weber 1988a, S. 488). Damit markierte Weber eine ganz andere, praktische Dimension von Anerkennung: die mehr oder minder explizite Zustimmung, die in Demokratien teils durch die Öffentliche Meinung, teils durch Wahlen hergestellt oder aber verwehrt wird. Wer führt, ist schon zur Wahrung seiner Macht auf eine gewisse Kongruenz angewiesen: mit den Wählern, mit den Koalitionspartnern, mit den Mitgliedern und Abgeordneten der eigenen Partei, potentielle Rivalen eingeschlossen, sogar mit den eigenen Mitarbeitern (nicht immer vorauszusetzen, wie sich in den USA unter Präsident Donald Trump eklatant zeigte).

Diese Kongruenz permanent zu halten, ist eine wesentliche Aufgabe politischer Führung – eine, an der fast jede Führung irgendwann einmal scheitert. Regierungen enden nicht von ungefähr häufig nach zwei Wahlperioden: wenn im Laufe der Jahre die mühsamen Rückkopplungsprozesse mit Fraktion, Parteibasis und Wählerschaft schwächer werden, wenn Routinen nicht mehr hinterfragt werden, wenn sich „Realitätsverluste" (Korte 2013, S. 418 f.) einstellen, wenn die ursprünglichen Ziele abgearbeitet sind und sich keine weiteren ergeben, die neuen Enthusiasmus schaffen (Korte 2001, S. 54); dann werden die Risse in Regierungen, Koalitionen, Fraktionen und Parteien sowie zwischen ihnen größer und führen bisweilen zum Kollaps von Bündnissen und Projekten.

Man kann diese Kongruenz verschiedenen Ebenen zuordnen. Einerseits geht es um die Übereinstimmung von Interessen in der Sache. Niemand wird auf Dauer erfolgreich sein, den nicht spezifische politische Überzeugungen und bestimmte konkrete Anliegen bzw. Projekte mit seinen Anhängern oder Wählern verbänden: Horst Seehofer hat einmal von seiner „Koalition mit dem Volk" gesprochen (Amann und Müller und Repinski 2013, S. 42) – eine ebenso vermessene wie hellsichtige Formulierung, die auf die Bedeutung dauerhafter Interaktion mit der Bevölkerung hinweist. Andererseits wohnt Politik immer eine Komponente persönlicher Ambitionen inne, die sich gegen Individuen, gegen Gruppen, ja sogar gegen ganze Generationen richten können – politische Kronprinzen wollen irgendwann gekrönt werden.

Wer führt, muss Karrierehoffnungen anderer ebenso moderieren wie Meinungsbildungsprozesse; es schadet Politik nicht, wenn man darauf hinweist, dass ihr Alltag zu einem großen Teil aus bloßem Management besteht. Die Arbeit einer Regierung muss sinnvoll organisiert werden; eine Regierungsfraktion kann und soll eigene Akzente in der Gesetzgebung setzen, wäre aber schlecht beraten, sich dauerhaft gegen die von ihr bestimmte Exekutive zu wenden (et vice versa) – Parteivorsitzende, Fraktionsvorsitzende, der ins Deutschland prägende Typus des Parlamentarisches Geschäftsführers (Walter 2008, S. 220),

Stäbe in Parteien und Behörden auf den verschiedenen Ebenen üben wichtige Koordinationsfunktionen aus. Dieses Handwerk der Macht braucht hier nicht im Einzelnen beschrieben zu sein, muss aber erwähnt werden. Man sieht sein Räderwerk selten, eher die Ergebnisse: Was dazu führt, dass zum Beispiel bei Gesetzgebungsverfahren die abschließenden Plenardebatten die größte öffentliche Aufmerksamkeit genießen, während die entscheidenden Beschlüsse längst schon in den Ausschüssen gefallen sind.

Man kann diese Kongruenz auch mit anderen Worten beschreiben. Zuletzt ist sie vielfach als Responsivität definiert worden – die zum Gefühl des Bürgers beiträgt, gut regiert zu werden (Pickel 2013, S. 170). Dieses politikwissenschaftliche Schlagwort bezeichnet die bisweilen umfassender, bisweilen geringer ausgeprägte Bereitschaft, gesellschaftliche Anliegen in den politischen Prozess einzubringen; man könnte auch sagen, es handelt sich bei Responsivität um ein schwer zu skalierendes Gefühlsmaß für die Wahrnehmung von Anliegen inmitten der Bevölkerung. Politiker sollten zuhören können, Wähler umgekehrt freilich auch. Ein wesentlicher Teil politischer Führungsleistung besteht in der Tat darin, einerseits auf Interessen, andererseits auf Gemütslagen der Bürger einzugehen – zumindest der Bürger, die eine bestimmte Partei oder Bewegung repräsentieren möchte. Doch mit Responsivität ist mehr als dieser Austauschprozess gemeint, der in gewissem Grade immer stattfindet. Responsivität bezeichnet gewissermaßen eine Einstellung: nämlich diejenige, auf Impulse an welcher Basis auch immer nicht nur zu reagieren, sondern diese Impulse aktiv nachzufragen. Aus dieser Responsivität entsteht Vertrauen (Fliegauf und Huhnholz 2011, S. 23), daraus wiederum erwächst Handlungsmacht.

Responsivität, falsch als Ultra-Responsivität verstanden, kann indes auch falsche Vertraulichkeit schaffen: gerade in Zeiten, in denen Bürger bisweilen nur noch als „Teilnehmer" eines politischen Spiels (Crouch 2008, S. 33) erscheinen. Den Bürger zum Befehlsempfänger zu degradieren, wäre ebenso verfehlt wie umgekehrt, den Führenden auf eine reine Exekutionstätigkeit zu verpflichten. Wenn Responsivität hieße, Anliegen der Basis als unveränderbare Aufträge zu begreifen, wäre Führung keine Führung mehr, sondern ein bloßer Transmissionsriemen von unten nach oben; direkte Demokratie braucht keine politische Führung im klassischen Sinn, deshalb ist die Schweizer Abstimmungsdemokratie kaum von Parteien geprägt. Die repräsentative Demokratie beruht indes auf der Überzeugung, dass die Anliegen der Basis auch selbst der Vermittlung und Diskussion bedürfen – ansonsten wären parlamentarische Konsultationsmechanismen überflüssig. Wer die Anliegen der Wählerschaft bloß mechanisch aufgreift oder, weitaus schlimmer, ihr Aufgreifen simuliert, indem er sich auf den vorgeblichen Willen des Volkes beruft, wird zum Populisten, der sich meist auf einen angemaßten „Alleinvertretungsanspruch" beruft (Müller 2017, S. 260).

Populismus gibt es auch in einer milderen, aber ebenfalls problematischen Variante: als Imperativ der Mehrheitsgewinnung um ihrer selbst willen – in Gestalt des Politikers, der sein Handeln allein nach Meinungsumfragen ausrichtet und nicht bloß im Zweifelsfalle, sondern prinzipiell dem Wähler zum Gefallen und keinesfalls darüber redet, was den Wähler stören könnte. Solches Führungsversagen umfasst auch einen verhängnisvollen „Alltagspopulismus" als verführerische „Tendenz, im demokratischen Machtkampf die eigene bessere Einsicht preiszugeben" (Kielmansegg 2017, S. 281). Insofern muss sich mit dem berechtigten Plädoyer für Responsivität immer auch eine Warnung verbinden: nämlich diejenige vor der Unmöglichkeit, alle Bürger in allen Hinsichten einzubinden. Selbst zur viel gepriesenen

Schwarmintelligenz gehören auch Entscheidungen „durch konstruktiven Dissens" (Miller 2010, S. 252).

Anders gesagt: „Die ganze Kunst der Politik besteht darin, das langfristig Notwendige kurzfristig mehrheitsfähig zu machen" (Weizsäcker 2002, S. 43). Weil das Wissen darum, was das langfristig Notwendige sei, sich bisweilen allerdings recht kurzfristig wandeln kann, ist Führung ein interaktives Geschehen: Sie wirkt sich am Ende von oben nach unten aus, entsteht aber von unten nach oben. Selbst demokratisch legitimierte Mehrheitsbeschlüsse sind Lösungs-Angebote, die eben diese oder eine andere Mehrheit jederzeit wieder verwerfen kann; die jeweilige Verständigung darauf zu organisieren, ist die wesentliche Funktion politischer Führung. Ihre wichtigste Ressource besteht in Aufmerksamkeit, die sie auf die einen oder aber auf die anderen Probleme lenken kann.

3.3 Orientierung durch Werte: Führung als Anerkennung

Orientierung geben Personen: Sie stehen und sprechen indes nicht bloß für sich, sondern für bestimmte politische Werte und Überzeugungen, Themen und Projekte, für Lebenseinstellungen und -modelle. Selbst überaus reflektierte Wähler neigen selten dazu, ihre Stimmabgabe von der Detaillektüre der Partei- und Wahlprogramme abhängig zu machen. Mitunter wird ein Politiker obendrein weniger für das gewählt, für was er eigentlich gewählt werden will, sondern eher für den Typus, den er darstellt: als Intellektueller, als idealer Schwiegersohn, als biederer Strickjackenträger vom Wolfgangsee, wie auch immer. Gerade das Private ist in der Tat oft politisch. Deshalb lassen sich Wahlen sogar als „Gruppenerfahrung" charakterisieren (Lazarsfeld und Berelson und Gaudet 1969, S. 137), die soziale Bindungen schafft und verstärkt.

Personen verkörpern allerdings auch Interessen, die ebenfalls Orientierung stiften. Wie sehr Menschen vornehmlich ihren konkreten eigenen Vorteilen verpflichtet seien, ist seit jeher umstritten: „Was ist Geschichte anders als der Kampf unendlich verschiedner und zahlloser Interessen für Ihre Existenz?", hat der junge Friedrich Nietzsche einmal gefragt. Auch die Politikwissenschaft verweist immer wieder auf die fundamentale Bedeutung von Interessen (etwa: Deutsch 1976, S. 19). Nur lehrt die Erfahrung: Menschen folgen gewiss nicht immer ihren Interessen, und ebenso gewiss fast immer nicht nur Interessen. Gelegentlich verstoßen sie sogar dagegen. Das ist zunächst einmal nicht kritikpflichtig, weil es ebenso aus Unkenntnis wie aus Altruismus geschehen kann. Ein vermögender Bürger, der für die Einführung einer Vermögenssteuer stimmt, schadet seinen vordergründigen Interessen – aber dafür wird man ihn nicht tadeln, sondern ob seiner Gemeinwohlbindung loben (es sei denn, man schiebt ihm das Argument unter, er handle nur im wohlverstandenen Eigeninteresse, eine soziale Revolution zu verhüten). Am anderen Ende der sozialen Skala sieht die Bewertung meist anders aus. Beim Arbeiter, der nicht für die verteilungsorientierte Partei stimmt, hakt meist eine klassische Annahme ein: mangelndes Klassenbewusstsein oder mangelndes Vermögen, sein eigenes Anliegen zu erkennen respektive politisch geltend zu machen.

Diese ursprünglich marxistische Einschränkung hat auf ihre Weise vorweggenommen, was den Leadership-Diskurs der zweiten Hälfte des 20. Jahrhunderts zeitweilig dominiert hat, schon wegen der zeitgenössischen Erfahrung totalitärer Diktaturen: die Sorge um die Grenzen der Rationalität (Simon 1995, S. 59). Sie ist eng mit der Sorge um die Vermittlung von Politik verbunden. Wer von Politik redet, kann von Medien nicht schweigen; sie reproduzieren Politik nicht nur, sie produzieren sie teils selbst. David Hume hat diesen Zusammenhang schon am Ende des 18. Jahrhunderts in den Satz gebündelt: „Auf der öffentlichen Meinung allein ruht die Regierung" (Hume 1987, S. 32). Hume war wohl etwas optimistischer als spätere Beobachter, die ihrerseits die öffentliche respektive veröffentlichte Meinung eher bedrohlich auf der politischen Stabilität lasten sahen. Walter Lippmann, der bereits zitierte US-Journalist und Denker über Journalismus, ließ sich im Jahre 1922 über die Macht von Stereotypen aus und thematisierte die Anfälligkeit der Massen, die „stetig der Suggestion ausgesetzt" seien (Lippmann 1997, S. 155).

Wie viel Suggestion er in seine Ansprache hineinlegt, hat der einzelne Führende freilich selbst in der Hand. Jedenfalls stellt der Versuch, Außenwirkung zu gewinnen, einen wesentlichen Teil von Führung dar; deshalb kommt viel auf ganze „Kommunikationsstrategien" an (Glaab 2018, S. 1115). Politologen und Soziologen haben insbesondere mit dem Scheitern der großen Rationalitätsideale des 20. Jahrhunderts und seit dem Linguistic Turn die Bedeutung von Narrativen und deren Konstruktionscharakter herausgearbeitet. Auf gewisse Weise nähern sich solche Herangehensweise in der Diagnose wieder an Niccolò Machiavellis Befund an, der Schein sei für einen Herrscher wichtiger als das Sein (Machiavelli 1986, S. 139).

Wie bedeutend das Image eines Politikers für seine Führungsmöglichkeiten ist, ist längst hinreichend belegt (beispielhaft für deutsche Bundeskanzler: Gast 2011, S. 339): womöglich sind die wahrgenommenen bzw. fehlwahrgenommenen Eigenschaften sogar wichtiger als die wirklichen, die Vermarktung wirksamer als das politische Produkt. So umstritten die jeweilige Erklärung für scheinbar irrationales Wählerverhalten ist, so unumstritten dürfte indes der Befund sein: Wähler stimmen mitunter „gegen ihre offensichtlichen Eigeninteressen", bisweilen aufgrund von eigenen Vorurteilen – an denen Narrative der Kandidaten andocken können (Lakoff 2009, S. 8, 35). In solchen Thesen schlummert insofern just der sanfte Paternalismus, den sie selbst beklagen, als man „offensichtliche Eigeninteressen" schwer definieren kann, aber eben auch eine zentrale Erkenntnis: Erzählungen spielen für Führung eine große Rolle, Narrative, Visionen, Ideen, wie man es auch immer bezeichnen mag. Das ist kaum zu bestreiten, aber nicht skandalös: Menschen sind nun einmal die einzigen Tiere, die von ihren Geschichten leben.

Politik besteht aus Sachfragen, aus Interessen und aus Wertsetzungen (Höffe 2009, S. 287). Fast überall, wo Politik stattfindet, queren diese Ebenen einander: Wer über die Höhe der „Steuerlast" oder aber der „Sozialbeiträge" redet, die einen Etat finanzieren sollen, verhandelt implizit auch die Legitimität des Privateigentums – ob er will oder nicht, schon die Wahl seiner Begriffe verrät ihn. Wer über Grenzwerte für Stickoxide spricht, begibt sich von umweltpolitischem Terrain zwangsläufig rasch auf wirtschafts- und sozialpolitische Felder: weil viele Automobile mit schlechten Emissionswerten auf Handwerker und Bezieher geringerer Einkommen zugelassen sind.

Die Beispiele ließen sich beliebig vermehren. Sie weisen auf eine wesentliche Funktion politischer Führung hin. Sie besteht darin, solche Argumentations-Zusammenhänge herzustellen und Sachfragen sowie Interessenkonflikte an Werten zu orientieren. Je gravierender die Reformen, desto wichtiger die Einbettung einzelner Maßnahmen in einen größeren, zusammenhang- und vor allem sinnstiftenden Rahmen (Korte 2011, S. 299). Wert und Werte geraten mitunter in Widerspruch; Demokratie beinhaltet beispielsweise auch das Recht, auf Reformen zur Steigerung des Wirtschaftswachstums zu verzichten.

Nun gibt es gute Gründe, diese insbesondere seit der kulturwissenschaftlichen Wende in den 1980er beschworene Orientierung auf Werte zu hinterfragen: „Hinter jedem sogenannten Wert steht ein Interessent mit seinen eigenwilligen Absichten und Zielen" (Straub 2010, S. 13). Bisweilen reüssieren Politiker gerade durch solche Entlarvungsstrategien, so Bill Clinton mit seinem legendären Wahlkampfslogan „It's the economy, stupid". Er war strikt auf Interessen ausgerichtet, weniger auf eine spezifische Gesellschaftsvorstellung – dem Pragmatiker Clinton hätte die Einschätzung womöglich gefallen, Werte dienten als „Joker für politische Reden und Talkrunden. Um was immer es geht, für ‚Besinnung auf Werte' kassiert man eine Runde Kopfnicken" (Miersch 2010, S. 167). Dieser Effekt ist der deutschen Politik und Politikberichterstattung nicht fremd, denkt man etwas an das „hohe C", ironisch auf die CDU gemünzt: als Spott darüber, dass der „Kanzlerwahlverein" seine christlichen Wurzeln gerne vergesse.

Wertfragen sind eben immer auch Machtfragen, wie Carl Schmitt es einst auf den Punkt gebracht hat: „Wer Wert sagt, will geltend machen und durchsetzen" (Schmitt 2011, S. 41); auch Moral kann schließlich als Instrument eingesetzt werden (Smith 2008, S. 143 f.). Einerseits polarisieren Werte, doch gerade diese Polarisierung gehört durchaus zu Führung – wenn sie in versöhnlichem Gestus, nicht mit Absolutheitsanspruch vorgetragen wird. Denn Werte haben andererseits auch eine integrative Funktion. Die politischen Parteien der Moderne sind als Weltanschauungsparteien entstanden, gebunden an spezifische, übergreifende Ideale – und auf ihre Weise sind die Volksparteien der politischen Mitte ebenso an bestimmte Überzeugungen gebunden wie die Extreme an beiden Rändern des Parteienspektrums. Wähler mögen aus Eigensinn für Rentenerhöhungen votieren oder aber eben auch, weil Rentenerhöhungen zu ihrem Entwurf von Gerechtigkeit passen. Sie „stimmen für ihre Identität" (Lakoff 2004, S. 19), für Ideale, mit denen sie sich identifizieren und von denen sie sich gewürdigt sowie repräsentiert fühlen. Erich Fromms tiefenpsychologischer Befund, die Charakterstruktur des Führers entspreche „der Persönlichkeitsstruktur derer, die sich von seiner Lehre angesprochen fühlen" (Fromm 2010, S. 53), lässt sich hier trefflich anwenden: Führung ist eine Charakterfrage – freilich vor allem derjenigen, die sich führen lassen. Jeder hat es in der Hand, welchen Werten er folgt.

Identität hat rationale und affektive Komponenten. Deshalb kommt symbolischem Handeln eine so hohe Bedeutung zu: Man denke etwa an die improvisierte, publikumswirksame Verkündung einer Garantie für Privatvermögen, die Bundeskanzlerin Angela Merkel und Finanzminister Peer Steinbrück mitten in der Finanzkrise des Jahres 2008 ausgesprochen haben, letztlich ein gigantischer ungedeckter Scheck – oder an die Tatkraft symbolisierenden Gummistiefel, in denen Gerhard Schröder im Flutsommer 2002 womöglich aus einer Wahlniederlage herausgewatet ist. Ähnliches gilt für den Habitus einzelner Politiker, an dem sich vermeintlich auf einen Blick oder auf einen Ton erkennen lässt, wer sie sind und wofür sie stehen; Vorbilder wirken, es geht auch darum, „beispielhaft zu führen und darum, andere dazu anzuleiten, das zu tun, von dem man möchte, dass sie es tun" (Nye 2008, S. 29). Eine rein diskurs-basierte Politik scheint eher ein frommer Wunsch der Demokratietheorie zu sein (Manow 2008, S. 142 f.); Wähler berücksichtigen bei der Stimmabgabe durchaus ihre nicht immer rationalisierten Wertpräferenzen.

Einerseits kann man nun beklagen, dass politische Programme gezielt die Gefühle von Wählern anzusprechen versuchen (Nunberg 2007, S. 205); gerade Wahlkämpfe strotzen vor emotionalen Appellen, hinter denen oft eine „vision of mind" steht (Westen 2008, S. 417).

Andererseits kann es schwerlich zum Vorwurf gereichen, dass Menschen ihre Präferenzen nicht notwendigerweise rationalisieren – auch in anderen Führungskontexten: „Führen ist Teilnehmenlassen an einem Ziel, das der Geführte als sein eigenes annehmen und empfinden muß, also Übertragen des eigenen Willens auf einen anderen, Motivieren, Mitreißen", eingeschlossen explizit „irrationale Momente" (Merkle 2001, S. 269).

Welche Werte sie anerkennen, entscheiden einzelne Menschen freilich selbst und immer wieder neu. Welche ihnen wichtig sein sollten, ist eine andere Frage. Hier zählt nur der offenkundige Befund, dass Werte als wichtige Bindemittel zwischen Führern und Geführten dienen (Burns 2003, S. 211–213); wenn Führung vor allem in Motivation und Orientierung besteht (Fliegauf und Menges 2011, S. 101), kann sie ohne Werte prinzipiell nicht gelingen.

Welche Werte es auch im Einzelnen sein mögen, sie schaffen erst den normativen Horizont, den Führung braucht; so ergibt sich Orientierung über den Tag hinaus. Das gelingt vor allem, wenn Führende jene Werte, die ihrem Handeln zugrunde liegen, explizit und damit zum politischen Angebot machen, das andere annehmen oder aber verwerfen können. Wertfrei kann ohnehin niemand kommunizieren.

4

Vom Sinn des Führens: Politische Führung als Idee

Der Streit über politische Führung ist wohl so alt wie Politik selbst. Auch die Vokabeln sind es. Schon im klassischen Athen kannte man den „Volksführer", den „Demagogen", dessen ganze Ambivalenz bereits in der zeitgenössischen Verwendung des Begriffes aufscheint. Manche empfanden diese Bezeichnung als Ehrentitel für Redner, die das Volk bei der demokratischen Entscheidungsfindung anleiteten; andere erblickten in diesem Phänomen sämtliche Probleme, die aus der Beteiligung verführungsanfälliger Massen an der Politik resultierten – Machiavelli hat aus dieser Not später eine spektakuläre Untugend gemacht und „mit seinem Fürsten" eine Betriebsanleitung zur gezielten Lenkung der Untertanen verfasst. Klassiker des politischen Denkens, Geschichtsschreiber und selbst Dramatiker reflektierten seit der Antike über die Ambivalenzen der Führung, darüber, wie Herrschaft gelinge oder misslinge.

Platon, Machiavelli oder auch die Federalists sprachen indes nicht von „Führung", aber meinten sie doch;

noch „Meyers Großes Konversations-Lexikon" kannte den „Führer" lediglich als einen „den Pionierdienst ausübenden Soldaten" (Meyer 1907, S. 196). Erst am Beginn des 20. Jahrhunderts wurde dieser Begriff politisch aufgeladen, selbst Ästhetik und Künste wandten sich seit den 1890er Jahren intensiv der „Führung" zu (Rothe 2008, S. 414) – Max Kommerell setzte seinerzeit nicht als einziger auf Dichter, „Vorbilder einer Gemeinschaft als wirkende Personen" (Kommerell 1930, Vorbemerkung). Führung galt nunmehr als die moderne Variante von Herrschaft (Kroeschell 1995, S. 57), in einer Epoche, in der sich Politik rapide veränderte, unter anderem durch das Wachstum der Bevölkerung, durch das Wachstum der politischen Teilhabe und durch das Wachstum der (Massen-)Öffentlichkeit: im Lande der Revolution von 1789 freilich umso mehr, als am Ende des Jahrhunderts eher Skepsis an die Stelle der einstigen Führungseuphorie der beiden Napoleons trat. Den kulturkritischen Ton setzten in der französischen Republik die Zweifler, mit besonders langem und weitem Nachhall der Arzt Gustave Le Bon. Seine „Psychologie der Massen" (1895) verband politische Erfahrungen seiner Gegenwart, die Evolutionslehre, die gerade aufkommende Psychologie und die Sorge um eine verhängnisvolle Manipulation der Bevölkerung durch die politische Linke in seiner Skizze des „Führers" als wesentlichem Herrschaftsträger (Le Bon 1951, S. 59–81).

Für Le Bon verkörperte die Masse all das, was der klassische Bürger idealiter unter keinen Umständen sein durfte (Bellamy 2010, S. 78): Sie galt ihm – und wahrlich nicht nur ihm – als spontan und wankelmütig, als unreflektiert und irrational, als lustgetrieben und momentgebunden, als leicht manipulierbar und letztlich einer Tyrannei der Mehrheit verpflichtet, wie sie Alexis de Tocqueville in den USA längst schon diagnostiziert hatte. Der Soziologe Gabriel Tarde deutete den Führer damals gar als eine Art

Hypnotiseur, der gegen das autonome und rationale Subjekt gerichtet sei (Süess 2017, S. 189 f.), der Schriftsteller Gerhart Hauptmann vertraute seinen Tagebüchern unterdessen seinen ästhetischen wie politischen Ekel an: „Die Hammel zu leiten, dazu drängen sich Menschen genug, was braucht es meiner!" (Hauptmann 1987, S. 111). Nicht alle Zeitgenossen folgten Le Bons ebenso massenkritischen wie elitenfreundlichen Thesen, aber viele plagten ähnliche Sorgen – bis hin zu Elitentheoretikern, die auf eine Domestizierung der Vielen durch die kundigen Wenigen setzten: Vilfredo Pareto in eher aristokratischer Manier, in eher demokratischer Gaetano Mosca.

Zahlreiche Autoren arbeiteten sich seither an der Frage ab, wie Führung die als chaotisch wahrgenommene Masse politisch zu einen, zu ordnen und zu stabilisieren verstehe. Die Antworten waren mannigfach, sie stammten aus verschiedenen, vielfach sogar erst entstehenden Disziplinen wie der Soziologie (Max Weber) und der Psychologie. Sigmund Freud übertrug seine psychoanalytischen Erkenntnisse auf die Politik und gelangte zur Auffassung, „daß Liebesbeziehungen (indifferent ausgedrückt: Gefühlsbindungen) auch das Wesen der Massenseele ausmachen" (Freud 1967, S. 100); zum Beispiel deutete er die Begeisterung mancher deutscher Zeitgenossen für die „14 Punkte" des amerikanischen Präsidenten Woodrow Wilson am Ende des Ersten Weltkriegs als Reaktion darauf, dass „die lieblose Behandlung des gemeinen Mannes durch seine Vorgesetzten" im preußischen Militarismus sein Liebesbedürfnis nicht erfüllt habe (Freud 1967, S. 103). Diese affektive Betrachtungsart der Politik passte trefflich zur Dynamik eines neuen Medienzeitalters, dessen Berichterstattung ebenfalls stark auf Affekte ausgerichtet war.

Le Bon, Weber, Freud und viele andere arbeiteten nicht nur an der Praxis, sondern auch an der Idee der Führung; sie suchten wie so viele andere nach deren Funktion und nach deren Sinn. Die Begriffsgeschichte der Führung kann dieses Kapitel indes nur streifen, wenn es sich auf den Weg hinter die argumentativen Kulissen paradigmatisch bedeutsamer Führungskonzepte begibt. Hinter allen Führungs-Idealen verbergen sich unausgesprochene Prämissen, die es explizit herauszustellen gilt; insbesondere ist jedes Führungsmodell einem bestimmten Menschenbild eingezeichnet (Hentze u. a. 2005, S. 46). An den Führungskonzepten einer bestimmten Gesellschaft lassen sich so deren innerste Werte ablesen; hier erweist sich Führung noch einmal auf ganz andere Weise als Prisma der Wahrnehmung.

Drei wichtige prinzipielle Legitimationsweisen von politischer Führung untersucht das erste Teilkapitel: eine Input-geleitete, eine Output-bezogene und eine an Prozeduren orientierte. Das zweite Teilkapitel wiederum beschreibt zwei gegenläufige Führungs-Entwürfe, die noch unsere Alltags-Erwartungen grundieren: den „Großen Mann" und das „Charisma". Das dritte Teilkapitel führt gewissermaßen von der Theorie in die Praxis. Wie bedeutsam die Idee der politischen Führung für unsere Gemeinwesen ist, zeigt sich insbesondere an der oft von Ambitionen getriebenen Einforderung von „Führungsstärke" oder an ritualisierten Klagen über „Führungsschwäche": Eine bestimmte Art von Führung (oder aber von Nicht-Führung) anzumahnen, ist ein gängiges Argument in der politischen Auseinandersetzung. „Führung" dient hier als Allzweckwaffe.

4.1 Legitimationsweisen: Führung begründen

Führung hat es schwer: in der Praxis, aber auch in der Theorie. Schließlich gibt es gute Gründe, politische Führung in der Demokratie zunächst einmal unter einen manipulativen Generalverdacht zu stellen – sie schafft

4 Vom Sinn des Führens: Politische Führung als Idee

und bedeutet Ungleichheit, die dem Gemeinwohl schaden kann; auch deshalb war „Führung" am Beginn des 20. Jahrhunderts ein weitgehend undemokratischer, ja sogar antidemokratischer Begriff. Der spätere amerikanische Präsident Woodrow Wilson, damals noch Harvard-Professor, erklärte als einer der ersten Autoren politische Führung und Demokratie überhaupt für vereinbar (Schwarz 1998, S. 67). Skepsis gegenüber Führung gehörte nach jahrhundertelanger Monarchie beispielsweise zum intellektuellen Inventar der Weimarer Republik, wie sich erst recht bei deren Zerstörung zeigte. Nur wenige Tage nach der Ernennung des selbsternannten „Führers" Adolf Hitler zum Reichskanzler war in der bald verbotenen „Weltbühne" zu lesen: „Mißtrauen ist die beste Seite der Demokratie" (Citron 1933, S. 237).

Für das Problem, dass jede Führungs-Macht sich missbrauchen lässt, hatte das klassische Athen einst eine radikale Lösung gefunden – und in der pessimistischen Grundannahme, dass jeder Amtsinhaber zunächst einmal sich selbst bereichern wolle (Hansen 1995, S. 322), Führung gewissermaßen systematisch unmöglich zu machen gesucht: durch die allgemeine Zugänglichkeit der Volksversammlung, durch Auslosung der Ämter, durch die Verbannung von prominenten Persönlichkeiten per Scherbengericht. Solche und andere institutionelle Regelungen sollten gerade verhindern, dass sich einzelne dauerhaft in Führungspositionen festsetzen könnten. Nicht nur die älteste Demokratie des Westens, sondern auch die älteste Demokratie der Moderne war seit jeher einem ähnlichen Prinzip verpflichtet. Die Vereinigten Staaten suchten die Ballung von Macht bei Individuen konstitutionell zu verhindern, durch ein parlamentarisches Zweikammern-System, durch strikte Gewaltentrennung und durch die Überdehnung des Staates weit über die Dominanz jedweder Sonderinteressen hinaus: Insbesondere die

Federalists setzten darauf, dass unter diesen Umständen keine Partei und kein Führer die Politik landesweit zu dominieren vermochten. Die Verfassung der USA sollte dem Gemeinwohl dienen, indem sie es erschwerte, Gruppenegoismen durchzusetzen – selbst auf Kosten einer gewissen, nachgerade intendierten Ineffizienz; der Politikwissenschaftler und spätere US-Präsident Woodrow Wilson erblickte in den amerikanischen Parteien einen von den Verfassungsumständen geförderten systematischen „Mangel an Führung" (Wilson 1968, S. 175). Noch in den 1920er Jahren insistierte Louis Brandeis, liberaler Richter im Supreme Court, dass solche Friktionen im politischen System einen wirksamen Schutz vor Autokratie bedeuteten (Schild 2003, S. 75).

Wer Führung begründen will, muss diesem demokratischen Zweifel den ihm zustehenden Raum geben. Sie bedarf besonderer Legitimation, bedeutet sie doch Macht: „Lust an der Macht ist unter den Leidenschaften die haltbarste" (Feuchtwanger 2004b, S. 339), lässt Lion Feuchtwanger einmal eine illusionslose Königinmutter sagen. Wie unterschiedlich die Begründungsweisen von politischer Führung geartet sein können, lässt sich mit einem historischen Seitenblick besser illustrieren als in der reinen Abstraktion: und zwar auf die erste Hälfte des 20. Jahrhunderts. Sie erlebte auch in Deutschland eine turbulente Debatte über Politik und das Politische, über Führungsmodelle und deren Rechtfertigungen – in der Theorie wie in der Praxis, weil politische Parteien, Bewegungen und Staaten in ihrer inneren Verfasstheit diesen Modellen tatsächlich folgten und sie veränderten. Die Weimarer Zeit stritt leidenschaftlich, gelegentlich zu leidenschaftlich über Führung. Schon im späten Kaiserreich hatte diese Debatte begonnen, im Grunde bereits mit der Französischen Revolution: Wie ließen sich potentiell revolutionäre Massen in

4 Vom Sinn des Führens: Politische Führung als Idee

die gewünschte Richtung bewegen, ja sollte man sie überhaupt lenken?

Immerhin hatte der Marxismus die Masse unterdessen positiv gewendet (Koselleck 1978, S. 416), ihre Herrschaftsübernahme als Emanzipationsakt begriffen. Andere Agitatoren, Politiker und Literaten folgten solchen Versuchen, das Massen-Stereotyp umzuwenden – Alfred Döblin beispielsweise widmete sich gerade dem rationalen Massenmenschen (Becker 2018, S. 468 f.). Elias Canetti, für den Masse nahezu eine Obsession wurde, bestärkte in den 1920er Jahren die unter anderem gegen Gustave Le Bon gerichtete Idee, die Vielen bedürften gerade keiner Anleitung durch die Wenigen (Göbel 2005, S. 63). Er gelangte vielmehr zu dem Schluss, „daß die Masse keinen Führer braucht, um sich zu bilden, den bisherigen Theorien über sie zum Trotz" (Canetti 1995, S. 110) – mit einer langen Nachwirkung bis in die 1968er Bewegung hinein: „Unkontrollierte Spontaneität" (Gilcher-Holtey 1995, S. 299) geriet hier zum Gestus etwa der Studenten, die in Paris allerdings exakt geplante Streiks in den Fabriken initiierten.

Auch Max Weber widmete sich am Beginn des 20. Jahrhunderts notorisch umstrittenen Fragen wie derjenigen, wie politische Führung „unter diese demographischen Bedingungen der modernen Massendemokratie" gestellt werden könne (Hübinger 2006, S. 158 f.). Bereits in der Kaiserzeit hatte sich eine „semantische Verschiebung vom Monarchen zum Führer" ergeben, dem spezifische Kompetenzen zugeschrieben wurden (Kohlrausch 2005, S. 415 f.); in der Weimarer Zeit erschien der Führer mitunter als „aristokratischer ,Tatmensch'" (Gerstner 2008, S. 530). Wenn schon das platonische Ideal der Philosophenkönige unerreichbar sei, so schrieb der Kulturwissenschaftler Eberhard Gothein im Oktober 1916 seiner Frau pointiert, solle wenigstens eine Plutokratie herrschen: „sie verbürgt eine

Auslese und eine Stetigkeit wie einst in Venedig und weiß mit großen Aufgaben sicher fertig zu werden", weil die plutokratischen Großunternehmer „wenigstens das geistige Leben" schätzten (Gothein 2006, S. 468 f.).

Die Spannweite des zeitgenössischen Denkens über Führung war enorm. Während zum Beispiel der junge Theodor Heuss vor allem Demonstrationen und Kundgebungen als positive politische Massen-Ereignisse begriff (Radkau 2013, S. 69), erhoben sich noch einige Jahre nach dem Ende seiner Amtszeit als Bundespräsident skeptische Stimmen: immerhin schlug der Erlanger Professor Hans Joachim Schoeps, ein jüdischer Remigrant und überzeugter Monarchist, in den 1960er Jahren vor, dem von den Massen gewählten Unterhaus ein parlamentarisches Oberhaus gegenüberzustellen, in dem „nicht gewandte Interessenvertreter, sondern Männer von Charakter, Weitblick und Format" sitzen sollten (Schoeps 1963, S. 143) – und erhoffte sich also Führung durch eine Elite. Solche Gedanken fügten sich in den Zeitgeist der Nachkriegsära. Gerade im Rückblick der 1950er Jahre galten die einstigen Wahlerfolge der NSDAP vielfach als Auswuchs einer allzu permissiven liberalen Moderne (Payk 2005, S. 197), wenn nicht als Argument gegen die politische Qualifikation der Mehrheit. Insbesondere Konservative hatten bereits in den Weimarer Jahren namentlich den aufputschenden Massenwahlkampf vehement kritisiert, wenn nicht verachtet (Mergel 2010, S. 52); Hitlers Erfolge schienen ihre Skepsis zu beglaubigen.

Selbst liberale Intellektuelle wie der Soziologe Karl Mannheim fürchteten seinerzeit um die Probleme einer „vermassten Gesellschaft", in der „die nicht geformten und nicht in das Gesellschaftsgefüge eingeordneten irrationalen Kräfte sich den Weg in die Politik erzwingen [könnten]. Dieser Zustand ist gefährlich, weil das Irrationale durch den Auswahlapparat der Massendemokratie an solche Stellen gebracht wird, an denen unbedingt rationale Lenkung nötig wäre. So bringt die Demokratie ihre eigene Antithese hervor und gibt ihre Waffen sogar den eigenen Feinden in die Hand" (Mannheim 1958, S. 74). Ein solches Zitat beschreibt geradezu eine klassische Sorge, was Führung schlimmstenfalls bewirken könne – und umgekehrt die düstere Hoffnung anderer. Joseph Goebbels hatte im April 1928 freimütig verkündet, die NSDAP marschiere nur in den Reichstag, „um uns im Waffenarsenal der Demokratie mit deren eigenen Waffen zu versorgen" (Goebbels 1928, S. 71). Carl Schmitt hatte wenig später eine plebiszitäre Diktatur als Lösung der Massen-Probleme herbeigeschrieben (Müller 2011, S. 40); nur eine autoritäre Herrschaft schien jene Integrationsleistung erbringen zu können, die viele zeitgenössische Beobachter der parlamentarischen Demokratie mit ihren rasch wechselnden Mehrheiten und Regierungen absprachen.

Aus solchen Erfahrungen rührte die Hoffnung auf starke Führer in Einheitsparteien, die gerade keine politischen Differenzen erkennen ließen. Carl Goerdeler, später einer der Männer des 20. Juli, sehnte in der Weimarer Republik ein autoritäres Präsidialregime herbei – in Abgrenzung von dem, was er als unaufrichtigen pseudodemokratischen „Mittelweg" kritisierte, denjenigen „zwischen dem steilen, gefährlichen und mühevollen Kletterweg des Führers und dem Trampelweg der Herde. Das ist der, daß diejenigen, die den Willen zur Führung haben, wenigstens den Versuch machen, die Masse zu gewinnen, dabei aber Mittel anwenden, die dieser Masse schmeicheln[,] und daher auch nicht davor zurückschrecken, Umwege zu gehen, die vermeidbar sind" (Goerdeler 2003, S. 201); der ungleich liberalere Historiker Friedrich Meinecke hatte am Ende des Ersten Weltkriegs noch auf eine „Vertrauensdiktatur" im Dienste der Staatsraison gesetzt (Llanque 2000, S. 139), ehe er sich zum „Vernunftrepublikaner" bekannte.

Hofften die einen auf einen Führer, der die Massen lenken sollte, ihnen im weitesten Sinne entgegenstellt war, strebten andere eine unterschiedlich ausgeformte Identität von Führer und Massen an – und propagierten eher einen Führer, der entschlossen von oben handle, nachdem er aus der Mitte des Volkes von unten emporgestiegen sei; Adolf Hitler bediente dieses Bedürfnis am Ende am besten (Mergel 2005, S. 121). Bereits die Jugendbewegung hatte ein organisches Führerprinzip gepflegt, dergestalt, dass der Führer aus der Masse selbst herauswachsen sollte (Sontheimer 1978, S. 215). Dieses eher antidemokratische Führertum, das sich durch eine als persönlich konzipierte Beziehung des Führers zur Masse auszeichnen sollte, war „an die Stelle des Politikers und Funktionärs" (Speitkamp 1998, S. 185) getreten; insbesondere Studenten entwickelten unterdessen ein Selbstbild, „Führer des Volkes" sein zu wollen und zu können (Levsen 2006, S. 113).

Gerade die Nationalsozialisten versuchten nach Kräften, ihren „Führer" Adolf Hitler als einfachen Mann und Weltkriegsgefreiten aus der Mitte des Volks zu inszenieren. Damit standen sie in mancherlei Hinsicht verblüffend nahe bei denen, die sie so vehement bekämpften. Der Soziologe Theodor Geiger, den sie im Jahre 1933 ins Exil zwangen, analysierte in einem Handbuchbeitrag aus dem Jahre 1931 das „Führungsbedürfnis des Kollektivs", fügte freilich hinzu, dass dessen Erforschung vom Gegensatz zwischen Führer und Masse „belastet" sei (Geiger 1931, S. 137). Seine Fachkollege Robert Michels spitzte seine Befunde noch stärker zu und meinte das wohl als Kompliment: „Ursprünglich ist der Führer lediglich das ausführende, vollstreckende Organ des Willens der Masse" (Michels 1975, S. 79).

Bereits aus diesen kursorischen Beispielen, die sich leicht erweitern oder vertiefen ließen, werden drei paradigmatische Arten erkennbar, Führung zu denken: mit

4 Vom Sinn des Führens: Politische Führung als Idee

Blick darauf, wer führen solle, mit Blick darauf, was Führung leisten solle, und mit Blick darauf, worin Führung eigentlich bestehe – mitsamt den entsprechenden Ambivalenzen. Solche Legitimationsweisen von Führung schwanken zwischen der Überzeugung, es gebe „natürliche", geborene Führer, und der Auffassung, ein jeder könne prinzipiell Führer sein; sie oszillieren zwischen den Annahmen, Führung müsse die orientierungslose Masse in die passende Richtung lenken beziehungsweise müsse vielmehr verwirklichen, was die Masse ohnehin wolle; sie wogen hin und her zwischen der Vorstellung, das Ziel der Führung sei a priori gesetzt, und dem Verständnis, erst Führung könne einen verbindlichen Beitrag zur gelingenden gemeinsamen Verständigung über kollektive Ziele leisten.

Versucht man, diese Führungsmodelle und deren Legitimationen matrix-artig zu strukturieren wie in Tab. 4.1, ergeben sich drei klassische Sichtweisen: eine Input-orientierte, die vor allem auf Fähigkeiten und Motive politischer Führer blickt, eine Output-bezogene, die maßgeblich auf Ergebnisse des politischen Prozesses achtet, und eine solche, die an Verfahren selbst gebunden ist und vornehmlich auf die institutionellen Voraussetzungen politischen Handelns schaut. Jeder dieser Sichtweisen resultiert aus einer bestimmten Perspektive: im ersten Falle

Tab. 4.1 Führungsmodelle

	Input	Output	Prozeduren
Konzentration auf	Eignung	Ergebnis	Verfahren
Wesentlicher Faktor	Charakter	Handlungen	System-Umstände
Menschenbild	Optimistisch	Pessimistisch	Ambivalent
Leitautor	Platon	Mandeville	Federalist-Artikel

Quelle: Eigene Darstellung

ist es diejenige der Akteure, namentlich der Führer selbst, im zweiten Falle ist es diejenige der Leistungen oder Fehlleistungen von politischer Führung, im dritten Falle ist es eine prozessuale. Sie alle unterscheiden sich in ihren Prämissen, bis hin zum jeweiligen Menschenbild.

Wer Führung akteurszentriert denkt, setzt im weitesten Sinne auf Philosophenkönige, also auf Individuen, die aus ganz unterschiedlichen Gründen für Führungspositionen besonders begabt zu sein scheinen (bis hin zum Merkmal göttlicher Berufung, wie es etwa das Alte Testament einst Mose als Archetyp eines politisch-religiösen Führers zuschrieb). Diese Denkweise sucht ihre Rechtfertigung tendenziell einerseits in besonderen Fähigkeiten, andererseits in einer guten moralischen Gesinnung, also in den Motiven der zur Führung Bestimmten: Wenn die Richtigen herrschen, werden sie das Gute schon durchzusetzen wissen. Führung ist dann vor allem eine Frage des Inputs, also letztlich der Ideen und der Haltungen der Führenden.

Der Idealtypus einer solchen Vorstellung ist in Platons „Staat" zu finden, der auf eine Regierung durch die intellektuell wie moralisch Vorzüglichsten setzt. Seine Probleme beginnen in der Realität, etwa mit der empirischen Beobachtung, dass aus guten Führern rasch böse werden können (Kellerman 2004); man denke etwa an Richard Nixons Watergate-Affäre oder an Helmut Kohls skandalöse Parteienfinanzierung mittels illegaler, weil undeklarierter Spenden. Akteurszentrierte Führungsmodelle harmonieren in ihrer Suche nach dem „Great Man" oft schlecht mit Prinzipien der Demokratie und atmen fast notwendigerweise einen elitären Geist, wie etwa beim einflussreichen amerikanischen Soziologen James Burnham. Burnham schloss aus dem „Unvermögen der Masse, in der Politik wissenschaftlich vorzugehen", auf die Notwendigkeit einer freilich rückkopplungsbedürftigen Elite mit Kompensationsfunktion für „das den meisten Menschen

4 Vom Sinn des Führens: Politische Führung als Idee

fehlende notwendige Maß an jenen psychologischen Eigenschaften – Ehrgeiz, Unbarmherzigkeit usw. – die als Voraussetzungen für ein aktives politisches Leben gelten müssen" (Burnham 1949, S. 264). Solche elitären Vorbehalte sprechen ebenso gegen eine allzu charakterzentrierte Definition von Führung wie das Problem, dass weder Fähigkeiten noch Gesinnungen einem unwiderlegbaren Test unterzogen werden können. Ein Rat aus der Praxis verstärkt dieses Unbehagen: Es sollten Politiker „ihren Beruf weniger romantisieren und die Bürger den Beruf des Politikers weniger idealisieren" (Stoiber 2012, S. 316).

Wer Politik nach ihrem Output bemisst, blickt weniger auf die Anfänge als vielmehr auf die Resultate des politischen Prozesses; solche Führungskonzepte pflegen oftmals einen umgekehrten Reduktionismus, indem sie sich allein auf die Ergebnisse von Politik konzentrieren. Wer hier einen Musterautor sucht, findet ihn wohl in Bernard de Mandeville. Dessen „Bienenfabel" (1705) nahm direkt Stellung zu den damaligen Debatten um die Gesellschaft und das politische System in England. Mandeville erzählte die Geschichte eines Bienenstocks, dessen Laster einst seine Wohlfahrt ermöglicht haben – ehe nach einer Moralreform auf einmal die Wirtschaft darniederliegt und die Menschen darben. Auch diese Geschichte vertraut nicht auf den Input respektive misstraut den Motiven der Menschen: Mandeville bezweifelte, dass sich hinreichend wohlgesonnene Akteure fänden, und wies den Gedanken weit von sich, Politiker müssten moralische Vorbilder sein. Er interessierte sich kaum für das politische Regelwerk, sondern dafür, wie ein Politiker etwa aus krass eigennütziger Ruhmsucht ebenso unbeabsichtigt wie zwangsläufig das Wohl des Volks hervorbringe. Wie im Zusammenwirken der diversen Egoismen ausgerechnet das Gemeinwohl profitiere, fasste er in einer wenig moralischen Moral zusammen: „Die Tugend, die von Politik | Gelernt gar manchen schlauen Trick, | Auf der so vorgeschriebenen Bahn | Ward nun des Lasters Freund; fortan | Der Allerschlechteste sogar | Fürs Allgemeinwohl tätig war" (Mandeville 1968, S. 84).

Je nach gewählter Maßeinheit für das hier wider den Willen der einzelnen Akteure entstehende Gemeinwohl – der eine mag auf das Wirtschaftswachstum schielen, der nächste auf den Staatsetat, ein anderer auf die militärische Stärke, ein weiterer auf die Kriminalitätsstatistik, wie auch immer – erweisen sich dann bestimmte Führungsmodelle als besonders erfolgversprechend oder eben gerade nicht. Machiavelli wäre ein weiterer Leitautor dieser Schule, in der letztlich der Zweck jedes politische Mittel heiligt, jedenfalls nicht verteufelt, wie exemplarisch der folgende Rat für den Herrscher demonstriert: „Ein kluger Herrscher kann und darf daher sein Wort nicht halten, wenn ihm dies zum Nachteil gereicht und wenn die Gründe fortgefallen sind, die ihn veranlaßt hatten, sein Versprechen zu geben" (Machiavelli 1986, S. 137).

Dieses Begründungsmuster steht uns näher, als es zunächst scheinen könnte: so in der außenpolitischen Zusammenarbeit mit diktatorischen Regierungen, die etwa bei der Genehmigung von Rüstungsexporten immer wieder in die öffentliche Diskussion gerät – wer ein historisches Beispiel sucht, wird etwa bei der Indemnitätsvorlage fündig, mit der das preußische Parlament der Regierung Bismarck nach dem gewonnenen Deutsch-Deutschen Krieg 1866 Straflosigkeit für den vorher begangenen fiskalischen Verfassungsbruch zusicherte; wer nach aktuelleren Exempeln sucht, braucht bloß die Rechtsprechung der diversen Verfassungsgerichtshöfe als Quelle zu nutzen (dafür, dass politische Führer oft vom praktischen Ende her, nicht aber vom normativen Anfang her denken und handeln). Das Dilemma einer Output-orientierten Legitimation von Führung besteht offenkundig darin, dass in den allermeisten Fällen jener wohltätige Zweck nicht objektiv bestimmbar ist, der obendrein unanständige Mittel zu rechtfertigen hilft.

Bleibt schließlich eine dritte Perspektive, die gewissermaßen zwischen dem Anfang und dem Ende politischen Handelns entsteht, zwischen den Motiven der Führer und ihren Entscheidungen. Sie schaut auf den Weg, den Politik nimmt, auf Prozeduren. In ihrem Blickfeld liegen weniger die Fragen, wer führen solle oder wie einzelne Führende zu möglichst guten Ergebnissen gelangten, sondern die Verfahren selbst: verstanden als Prozesse der Aushandlung (Dahl 1989, S. 307), zu denen auch der Wettstreit um Führungspositionen selbst zählt. Führung wird hier indes nicht als Eigenschaft von Einzelpersonen fassbar, sondern als Charakteristikum sozialer Prozesse bzw. Systeme (Day 2001, S. 583); in einer optimistischen Lesart geht es darum, möglichst erfolgsträchtige Institutionen und Abläufe zu entwickeln – während eine pessimistische sich eher darauf konzentriert, Organisationen so einzurichten, dass Führende möglichst wenige schlechte Entscheidungen treffen (Grint 2010, S. 67), auch möglichst wenige, die schlecht akzeptiert werden. Folglich gilt die Aufmerksamkeit nun insbesondere Institutionen, die so auszugestalten sind, dass Führung besonders positiv wirken kann; insofern ist sie stark von der Institutionenökonomik inspiriert (ihrerseits keine Erfindung der Moderne, bedenkt man die lange Tradition von Prinzipien wie Annuität, Rotation und dergleichen) – aber auch von einer kulturwissenschaftlichen Herangehensweise, die nach den jeweiligen gesellschaftlichen Rahmenbedingungen von Führung fragt.

Wer hier nach Musterautoren sucht, wird beispielsweise bei Alexander Hamilton, James Madison und John Jay fündig. An moderne Volksparteien dachten die drei amerikanischen Gründerväter gewiss nicht, als sie für die Ratifikation der amerikanischen Konstitution von 1787 warben – aber sehr wohl an mächtige Interessengruppen, deren wortwörtliche Zerstreuung sie sich von der soeben geschaffenen US-Verfassung erhofften. Je größer die Republik, desto unwahrscheinlicher die Dominanz von Partikularinteressen, so argumentierte vor allem der wirkungsmächtige zehnte „Federalist"-Artikel (Hamilton und Madison und Jay 1994, S. 57). Politische Institutionen und Verfahren sollten so arrangiert sein, dass sie am Ende das Gemeinwohl ergäben; es handelt sich also um eine dritte Legitimationsweise von Führung. Deren Fokussierung auf leistungsfähige Strukturen und Routinen gerät indes in ein Dilemma, das ebenfalls an die Grenzen der Demokratie führt. Womöglich wäre eine straffe Diktatur wesentlich effizienter und effektiver als eine parlamentarische Regierungsweise – eine Energiewende beispielsweise lässt sich einfacher verordnen als vereinbaren. Außerdem stößt gerade jene Gestaltungseuphorie, die bisweilen Gestaltungsoptimismus und Engagement nährt, rasch an nüchterne praktische Bedenken: Politik muss „den Menschen erklären, was sie bewirken kann und was sich ihrer Beeinflussung weitgehend entzieht" (Steinbrück 2010, S. 301 f.).

Gleichwohl besitzt auch diese Perspektive eine eminente Führungs-Dimension, weil sie statt der Motive oder Ergebnisse den politischen Prozess selbst in den Vordergrund rückt: Führung entsteht nicht aus dem Nichts. Vielmehr beruht sie auf Interaktion, auch der von Wählern und Volksvertretern. Niemand kann allein aus sich selbst heraus führen, sondern jeder bedarf der Anerkennung durch andere. Was Führung jeweils legitimiert, sind die Erwartungen derjenigen, die sich eben dieser Führung anschließen; sie stellen eben diese Führung just her, indem sie ihre Führer als ihre Führer anerkennen und bestätigen. Dabei übt der demokratische Wettbewerb, dem sich jeder Führende auf die eine oder andere Weise stellen muss, eine „Anpassungsfunktion" aus (Hatje 2010,

S. 146); er bewirkt eine „Rückbindung der Regierungsmacht an die Erwartungen und Befürchtungen der Bürger" (Kielmansegg 2004, S. 129).

4.2 Denkweisen: „Große Männer" und „Charisma"

Führungsdiskussionen stehen in unmittelbaren tagespolitischen Zusammenhängen – und zugleich in den Zeitläufen. Die Art und Weise, wie sie formal und inhaltlich betrieben werden, ist ein wesentlicher Faktor der Entwicklungen, aber auch ein wichtiger Indikator für historische Bewusstseinslagen. An der jeweiligen Führung, aber auch an den jeweiligen Führungs-Diskursen erkennt man die Werte einer Gesellschaft, zumal an deren unausgesprochenen Prämissen, zu denen auch das jeweilige Menschenbild gehört.

Das zeigt sich vor allem am wohl ältesten Paradigma politischer Führung, demjenigen spezifischer Führungs-Begabungen. Schon die Erzählungen des Alten Testaments verbinden göttliche Sendung und spezifische Charakterzüge: bei Herrschern wie Moses, Salomon oder David, die noch in der Neuzeit vielfach als vorbildgebend galten. Auch die griechische Antike hat die Vorstellung kultiviert, politische Führung erwachse wesentlich aus persönlichen Fähigkeiten. Zwar haben die gelobten Tugenden immer wieder gewechselt: Platon setzte auf die Kardinaltugenden Klugheit, Tapferkeit, Besonnenheit und Gerechtigkeit, mittelalterliche Autoren betonten zudem Frömmigkeit und Nächstenliebe als Voraussetzungen guter Herrschaft – überhaupt stellt der christlich überformte „gute Hirte" bis heute ein wirkungsmächtiges Führungs-Paradigma dar (Bröckling 2017, S. 18 ff.), sichtbar in allerlei „Kümmerer"-Idealen. Die mannigfachen Variationen dieses Modells leiten Potential und Legitimation politischer Führung letztlich aus Charaktereigenschaften einzelner Akteure ab. So sind wirkungsmächtige Genres der politischen Literatur entstanden, etwa Erziehungsratgeber für angehende Herrscher und Fürstenspiegel, von Xenophon und Seneca über Thomas von Aquin und Erasmus von Rotterdam bis hin zu Friedrich dem Großen, dessen „Antimachiavell" wiederum mit Machiavelli hart ins Gericht ging.

Diese Tradition ist in unserer Gegenwart gebrochen, aber längst nicht beendet. So hat Barbara Tuchman in ihrem populären Buch über „Die Torheit der Regierenden" als wesentliche Ursache von Fehlentwicklungen vor allem lokalisiert: „Engstirnigkeit, die Quelle der Selbsttäuschung" (Tuchman 1984, S. 15). Tugenden lassen sich auch in demokratietaugliche Gewänder hüllen: Dann wird statt heroischem Behauptungswillen eben postheroische Kompromissfähigkeit (Johnson 1988, S. 393) als wesentliche Fähigkeit herausgestellt. So kommt es in der Annahme, dass solche Kompetenzen weitgehend erlernbar sind, zur Stilisierung eines elementaren Zusammenhangs von Führung und Bildung: „Wo Menschen zusammenleben und arbeiten, sind sie auf Führung angewiesen. Da Führung ihrerseits Bildung voraussetzt, müssen wir sie zur Hauptsache Deutschlands erklären" (Bueb 2008, S. 12). In Lehrplänen steckt diese Tradition bis heute, auch in zahlreichen Ratgebern. Dafür gibt es auch einen guten Grund: „An der eigenen Persönlichkeit zu arbeiten, ist relativ einfach" (Covey 2008, S. 13), jedenfalls einfacher, als an der Persönlichkeit von anderen.

Man sollte solche Argumente nicht leichtfertig vom Tisch wischen; sie verdienen durchaus, systematisch ernst genommen zu werden. Zu Führung gehört ganz gewiss auch persönliche Übung: „Die Frage nach der Führung umfaßt also das Ordnungssystem der Führungskräfte, die Auswahl und Erziehung der Führungskräfte und die Kontrolle des Führungsverfahrens im Sinne der obersten Grundsätze des Verbandes" (Bergstraesser 1961, S. 30). Es bleiben schließlich einzelne Menschen, die politisch mit anderen interagieren. Freilich unterscheiden sich die Vorstellungen, worauf es ankomme, oft fundamental. Wenn sich etwa der ehemalige Bahnchef Hartmut Mehdorn mit der rhetorischen Frage zitieren lässt: „Glauben Sie, daß ein Weichei ein so großes Unternehmen wie die Bahn führen kann?" (Nolte und Heidtmann 2009, S. 30), liegt dieser Interview-Antwort eine klar erkennbare Überzeugung zugrunde: dass man eine „harte" Persönlichkeit sein müsse, um einen Konzern zu leiten, keine Vermittler-Persönlichkeit. Eine ähnliche Überzeugung liegt beispielsweise auch der eminent politischen Sehnsucht nach einem starken Führer in Krisenzeiten, der Widerstände zu überwinden vermöge, zugrunde. Das beschränkt sich nicht auf Charakterzüge, sondern kann auch eine im weitesten Sinne moralische – ein „unbestechlicher" Politiker – oder intellektuelle Dimension annehmen; es gibt schließlich gute empirische Gründe zum Beispiel für die Annahme, dass „Intuition, ein Instinkt für Gefahren und die Fähigkeit, unterschiedliche Informationen blitzschnell zu verknüpfen" (Walter 2009, S. 394), Politiker eher zum Erfolg bringen.

Führungskonzeptionen, die auf „geeignete" Führer setzen, existieren in zahlreichen Schattierungen. Gemeinsam ist ihnen, dass sie den jeweils als ideal gedachten Führer aus spezifischen Eigenschaften herleiten; sie unterscheiden sich indes in diesen Eigenschaften selbst und übrigens auch in der Annahme, ob diese Eigenschaften eher erlernbar oder eher erblich seien – gerade am Ende des 19. Jahrhunderts und am Beginn des 20. Jahrhunderts gaben zahlreiche Autoren, die im weitesten Sinne eugenischen

Überzeugungen anhingen, der letzteren Variante den Vorzug. Was späteren Generationen insbesondere nach den rassistischen Exzessen des Dritten Reiches nur noch als Dystopie gelten kann, galt um 1900 international als Utopie, die man indes auf empirischem Wege erreichen könne – durch die systematische Studie von Gehirnen, die man einer Elite zurechnete; prominente Forscher gründeten im Jahre 1903 sogar eine „Brain Commission", die solche Forschungen diskret weltweit koordinieren sollte (Hagner 2004, S. 222 f.); in Deutschland erschien in den ersten Jahrzehnten des 20. Jahrhunderts sogar eine eigene Buchreihe unter dem Titel: „Große Männer. Studien zur Biologie des Genies".

Damit ist bereits ein klassisches Paradigma von politischer Führung benannt: jenes, das auf die Anleitung durch Genies hofft, damals zuallererst auf die besagten „Großen Männer". Diese Vorstellung – wohlgemerkt: eine Vorstellung, eine kollektive Fiktion (Gamper 2016) – kulminierte am Ende des 19. Jahrhunderts; ihr vielleicht wirkungsmächtigster Propagator war Thomas Carlyle, für den sich Universalgeschichte darstellte als „im Grunde genommen die Geschichte der Großen Männer, die hier gewirkt haben" (Carlye 1993, S. 3). Nun war Carlyle zwar Literat, aber kein weltfremder, indem er selbst eingestand, dass sein Ideal niemals gänzlich realisiert werden könne. Gleichwohl ergibt sich aus diesem Denken eine radikale Konsequenz, die sämtliche institutionelle Faktoren zu bloßen Akzidenzien reduziert. Als wesentlich figuriert hier etwas anderes: „Man finde in jedem beliebigen Land den Fähigsten Mann, der dort existiert; man erhebe *ihn* auf die oberste Stelle und man verehre ihn loyal; dann hat man eine vollkommene Regierung für dieses Land" (Carlyle 1993, S. 170: Hervorhebung im Original).

Hier kommt es nicht auf Institutionen, sondern auf Personen an – und darauf, den besten Führer zu finden,

4 Vom Sinn des Führens: Politische Führung als Idee

der seine Legitimation in seinen Fähigkeiten trägt und nicht etwa aus einem Wahlakt bezieht. Viele Autoren vor allem des frühen 20. Jahrhunderts folgten diesem Paradigma, auch in durchaus wissenschaftlichen Versuchen, die „großen Männer" bzw. „die Natur des Genius" durch die Kombination bestimmter Eigenschaften zu erklären (Terman 1926, S. VI). Es mag heute leichtfallen, sich darüber zu mokieren. Aber erstens schreiben wir erfolgreichen Politikern oft anekdotisch entwickelte Eigenschaften wie Beharrlichkeit, Durchhaltewillen oder Frustrationstoleranz zu, zweitens schwingt in tagesaktuellen Kommentaren oder politischen Forderungen, etwa einen „unfähigen" Minister im Amt abzulösen oder jemand „Kompetenten" zum Regierungschef zu machen, eine derartige Argumentation prinzipiell fast immer mit. Die Frage, ob jemand „Kanzler kann", ist beileibe keine unberechtigte. Man muss sich freilich bewusst machen, dass dahinter die mitunter nicht weiter reflektierte Annahme steckt, dass bestimmte Fähigkeiten zu bestimmten Ämter qualifizierten. Welche aber sollten es sein? Damit können beispielsweise intellektuelle oder vornehmlich ethische Anforderungen – wie es einer der zahlreichen populären Ratgeber fasst: „Grundlage des Führens ist Charakter" (Münchhausen und Fourner 2007, S. 33) – gemeint sein, der Blick fällt dann unweigerlich auf „die geistigen und vor allem die moralischen Qualitäten der beteiligten Personen" (Carstens 1971, S. 13).

Unter solchen Prämissen wird Führung weniger zur Frage des politischen Output als des moralischen Input; in deontischen, also auf ein unbedingtes Sollen bezogenen Moral-Konzeptionen kommt es primär auf die Absichten und höchstens sekundär auf die Wirkungen an, eher auf den guten Willen als auf die gute Tat. Gerade vormoderne Fürstenspiegel haben sich vor allem auf die Gesinnung der Regierenden konzentriert und ihre Idealherrscher als gute

Hirten gezeichnet, in einer theologischen Linienführung. Aber es kann auch genau das Gegenteil gemeint sein – denkt man etwa an Machiavelli oder an andere Modelle, in denen gerade die Bereitschaft zu skrupellosem Handeln eine gewisse Prominenz genießt. Man könne von großen Männern zumindest nicht die „Tugenden der kleinen Seelen" verlangen, weil die „schöpferischen Tugenden großen Ausmaßes" ganz anders zugeschnitten seien, hat José Ortega y Gasset einmal formuliert (Ortega y Gasset 1978, S. 383).

Darin wird zugleich die Ambivalenz des Begriffes sichtbar, war der „Führer" bis hinein in die Literatur doch zugleich Idol wie Schreckensbild, nachgerade eine Erlöserfigur, die bisweilen eine gewisse „Faszination des Grauens" (Süess 2017, S. 13) ausstrahlte; selbst Hermann Melvilles „Moby Dick" lässt sich als Roman über eine charismatische Herrschaft lesen (Fröschle 2011, S. 489 f.), im faszinierend Guten wie im abschreckend Schlechten Kapitän Ahabs. Solche Wertungen genossen seinerzeit Konjunktur; zuvor hatte Friedrich Nietzsche an Napoleon III. dessen intensives „Eingehen auf den Volkswillen" studiert und resümiert, „An dem Erfolg erkennt man das Genie" (Nietzsche 1994a, S. 23) – just jenen Napoleon, den Karl Marx in „Der achtzehnte Brumaire des Louis Bonaparte" als einen Massenmanipulator dargestellt hatte: freilich unter Umständen, die „einer mittelmäßigen und grotesken Personage das Spiel der Heldenrolle ermöglichten" (so im Vorwort zur Zweitauflage dieser Schrift: Marx 1971, S. 359).

Solche Bedenken münden in der literarischen Warnung vor einer superdeterminierenden Fehlwahrnehmung, tatsächlichen Führern auch noch Genie anzudichten: „Die Funktion der Machtausübung ändert das Wesen des Machtträgers. Macht, Kredit, Ruhm schaffen Persönlichkeit und Gesicht auch demjenigen, dem die Natur sie nicht mitgegeben hat" (Feuchtwanger 2004a, S. 358).

4 Vom Sinn des Führens: Politische Führung als Idee

Prominente Politiker selbst haben diese Aura des Genialen immer wieder zu pflegen versucht, sei es, dass sie selbst sich mit prominenten Dichtern und Künstlern umgaben, sei es, dass sie selbst sich künstlerisch betätigten. Helmut Schmidt hat auf dieser Klaviatur zu spielen vermocht, indem er als Bundeskanzler nebenbei noch klassische Klavierkonzerte einspielte; sein Gegner bei der Bundestagswahl des Jahres 1980, Franz Josef Strauß, ließ dafür gerne seine altphilologische Bildung aufblitzen; Gerhard Schröder suchte die Nähe zu den Bildenden Künsten und erhielt gar eine „Apotheose" (Ullrich 2010, S. 17) in der Porträtgalerie des Kanzleramts, Angela Merkel rückte Vorträge von Wissenschaftlern ins Zentrum ihrer Feiern zum 50. und 60. Geburtstag. Damit partizipierten alle je auf ihre (wiewohl wenigstens bei den letzteren beiden eher unbewusste) Weise in eine lange Tradition des abendländischen politischen Denkens, die sich in höchster Verbindung wohl im platonischen Ideal der Philosophenkönige fassen lässt: der Vorstellung, eine kleine Elite sollte zugunsten des Gemeinwohl regieren.

> Wenn nicht entweder die Philosophen Könige werden in den Städten, sagte ich, oder die, die man heute Könige und Machthaber nennt, echte und gründliche Philosophen werden, und wenn dies nicht in eines zusammenfällt: die Macht in der Stadt und die Philosophie, und all die vielen Naturen, die heute ausschließlich nach dem einen oder dem anderen streben, gewaltsam davon ausgeschlossen werden, so wird es, mein lieber Glaukon, mit dem Elend kein Ende haben, nicht für die Städte und auch nicht, meine ich, für das menschliche Geschlecht (Platon 2000, S. 453: 473c–d).

Dieser extremen Vorstellung zufolge sollten die Weisesten, die sich in einem langen Bildungsgang erst als solche zu bewähren hätten, herrschen – durchaus gegen ihren eigenen Willen, weil sie gerade als Weiseste gar keine Macht anstrebten. Ob Platon damit einen konkreten Plan oder „nur" eine Utopie anbot, ist notorisch umstritten. Doch darum geht es hier gar nicht, sondern um eine Denkfigur, die unser Reden über politische Führung noch immer grundiert: als Vorstellung, dass die einen zum Regieren begabter seien als andere. Es gibt auch eine modernisierte Variante des Philosophenkönigs, passend zu Regierakungschefs, die sich vorwiegend als Manager und Unternehmer präsentieren. Spätestens im Keynesianismus entstand so etwas wie der „Ökonomenkönig', der objektive, unabhängige Fachmann" (Drucker 1984, S. 11) – und zwar in der politischen Praxis. In Deutschland war es der zeitweilige „Superminister" Karl Schiller, auf den seinerzeit moderne Ideale von Rationalität und Wissenschaft projiziert wurden, bis hinein zur Vorstellung, Kybernetik könnte Teil der Regierungskunst werden (Rehling 2011, S. 71); Marion Gräfin Dönhoff hatte Schiller im Dezember 1967 anlässlich der Verkündung des „Magischen Vierecks" attestiert, er verfüge „jetzt über ein modernes Instrumentarium zur Globalsteuerung der Wirtschaft" (Dönhoff 1993, S. 185).

Helmut Schmidt hoffte damals ebenfalls noch, „durch Fachleute aus dem Bereich der Gesellschaftswissenschaften die dargebotene Substanz darzustellen in Form eines Gesellschaftsmodells für die industrielle Massengesellschaft im nächsten Jahrzehnt, niedergeschrieben in der Begriffssprache und Begriffswelt der modernen Soziologie" (Brandt und Schmidt 2015, S. 188 f.). Tatsächlich wirkte sich die intendierte Verwissenschaftlichung der Politik gerade in der ersten Großen Koalition am Ende der 1960er Jahre aus – sie setzte auf einen Steuerungsprimat der Volkswirtschaft und etablierte mit dem Sachverständigenrat, den bald sogenannten „Wirtschaftsweisen", eine wissenschaftliche Institution jenseits von

Parteigrenzen (Schanetzky 2007, S. 269). So war es ja zuvor bei der Bundesbank gelungen, und noch weitaus später setzten so manche einschlägig erfahrene Akteure ihre Hoffnung in die Empfehlung, man müsse „organisatorische Schritte in Richtung auf eine ‚Entpolitisierung' der meisten Teilprobleme heutiger Politik" einleiten (Dohnanyi 1998, S. 113). Solche Argumentationsfiguren staffierten die später so vielgetragenen Begriffsgewänder von „Sachzwang" und „Alternativlosigkeit" aus.

Insbesondere in den 1960er Jahren kulminierte die Vorstellung, man könne gerade Wirtschaftspolitik „aus einem Guss" herstellen (Arnold 2010, S. 67); die zeitgenössische Planungseuphorie übersprang sogar Systemgrenzen, selbst im Kommunismus kamen die Steuerungserfahrungen aus den Weltkriegen und die neuen Möglichkeiten der EDV zusammen (Kaelble 2011, S. 113 f.). Auch in stalinistischen Großbauten zur Energieerzeugung aus Wasserkraft zeigte sich indes, dass die gepriesenen Experten durchaus ihre eigenen Interessen zu vertreten wussten (Gestwa 2010, S. 176 f.); ebenso scheiterte an Machtinteressen der Ressorts, Referenten und Minister, worin die sozialliberale Koalition ab 1969 ihren Erneuerungsanspruch zu dokumentieren gesucht hatte, nämlich die Einrichtung einer zentralen, ressortübergreifenden Planung (Süß 2003, S. 358).

Dabei war die Hoffnung so groß gewesen, mithilfe wirtschafts- und sozialwissenschaftlicher Expertise eine Modernisierung zu bewirken. Derlei beschränkte sich allerdings keineswegs auf die SPD, auch in anderen Parteien lässt sich seit den 1960er Jahren beobachten, wie es zur Verwissenschaftlichung in den jeweiligen Stäben kam (Mergel 2010, S. 101 f.) – die übrigens kritisch als Vorherrschaft von Spezialisten beäugt wurde (Thaysen 1986, S. 67); schon US-Präsident Eisenhower hatte sich prononciert darum gesorgt, dass die Demokratie durch die Wissenschaft bedroht sei (Hagner 2012, S. 30).

Schließlich hatte er erlebt, wie solche Gestaltungsfantasien im Desaster endeten; in den USA war in der Progressive Era die Prohibition zum Experimentierfeld für Sozialingenieure geworden, als Ausweis einer von Experten geformten Gesellschaft (Welskopp 2010, S. 53); der amerikanische Publizistik-Pionier Walter Lippmann beispielsweise bestand in jenen Jahren darauf, dass der Volkswillen durch sachkundige Führer organisiert werden müsse (Jaeger 2001, S. 91–94), und reflektierte kritisch die Rolle der Journalisten als bisweilen tendenziöse „gate-keeper".

Auch die britische Fabian Society genoss um 1900 eine ähnliche Aura und Fama zugleich: Aura als faszinierendere Zirkel reformgesinnter Intellektueller, Fama als ihrem Wesen nach anti-demokratisch erscheinende Bewegung (Collini 2009, S. 103). Solche Skepsis hält bis heute an: Manch einer hat sich an „hochgefragten Cagliostros der wissenschaftlichen Politikberatung" abgearbeitet, die aus Politik dennoch keine Wissenschaft machen könnten (Hennis 2004, S. 328) – und zwar in der Regierungszeit eines Bundeskanzlers, der wesentliche Entscheidungen auf Berichten von Gremien fundierte, die von Experten geleitet wurden: die „Hartz-Kommission" für den Arbeitsmarkt und die „Rürup-Kommission" für die Sozialversicherung zeigten einerseits, dass Bundeskanzler Gerhard Schröder seinen schwachen Rückhalt innerhalb der Partei zu kompensieren suchte, andererseits nutzten sie die anhaltende Konjunktur von Experten. Darin nämlich besteht eine weitere, zutiefst moderne Spielart des antiken Philosophenkönigs: in der Vorstellung, wesentliche politische Entscheidungen sollten nicht dem freien Spiel parlamentarischer Kräfte überlassen, sondern Experten respektive Expertengremien anvertraut werden – die sich einerseits durch hervorragende Sachkunde, andererseits durch reine Sachorientierung auszeichneten.

4 Vom Sinn des Führens: Politische Führung als Idee

Charisma hingegen ist weniger an den „Großen Mann" gebunden, an das politische „Genie", als man zunächst meinen könnte: zumindest dann, wenn man darunter nicht den landläufigen Begriff fasst, sondern das soziologische Deutungsmuster, das insbesondere Max Weber entwickelt hat. Es repräsentiert eine andere Art, Führung zu denken: von den Folgenden statt vom Führer her, nicht auf (gott-)gegebene Eigenschaften des Führers, sondern auf Zuschreibungen der Folgenden gegründet. Zwar rührte Webers Beschäftigung mit dem Begriff aus zeitgenössischen, messianisch inspirierten Heldenkulten, die sich insbesondere im George-Kreis feststellen lassen (Karlauf 2007, S. 413); um 1900 genoss die Vorstellung, gerade die bürgerliche Welt könne durch einen Charismatiker gerettet werden (Martynkewicz 2009, S. 62), einige Popularität. Aber Weber dekonstruierte diese Erzählung, indem er Charisma von persönlichen Eigenschaften löste und auf persönliche Leistungen umlenkte – als wichtige Funktion gerade des politischen Alltags, nämlich Privilegien zu legitimieren (Süess 2017, S. 239). Webers „Charismatische Herrschaft" beruhte auf der Bewährung des Führers, der „Wunder, Erfolge, Wohlergehen der Gefolgschaft oder der Untertanen" brauche, um sein Gottesgnadentum zu beweisen (Weber 1988a, S. 483).

Max Weber dachte dabei dezidiert an einen parteipolitischen Führer, der einer Wahl bedurfte; Charisma bedeutet in diesem Verständnis weniger Voraussetzung als vielmehr Folge der Wahl (Gamper 2016, S. 384), ihrerseits ein Akt der Zuschreibung. Anders gesagt: Charisma kommt hier nicht von innen, sondern von außen, beschreibt keine Eigenschaft, sondern vielmehr eine Projektion und zugleich eine Relation. Der Führer passt sich an die Geführten an, braucht Anhänger, die ihm sein Charisma abnehmen bzw. zuschreiben. Dieser theoretische Befund lässt sich empirisch erhärten; Charisma ist stets kontextgebunden (Bliesemann de Guevara und Reiber 2011, S. 32), wirkt in manchen Situationen, in anderen nicht (Nippel 2000, S. 20). Paradox formuliert: Jeder hat Charisma – aber nur wenige ein Umfeld, in dem es mächtig wirken kann.

Auch diese Denkfigur verdient hier Aufmerksamkeit; erstens, weil sie die Konzentration vom Führer auf die Geführten umwendet, zweitens, weil sie als solche ein alternatives Paradigma politischer Führung repräsentiert. Die These vom Charisma stellt kein Teilargument der Lehre vom „Großen Mann", sondern bisweilen vielmehr deren Gegenthese dar: dass nämlich Führung weniger vom Führenden als vielmehr vom Geführten ausgeht. Sie ist historisch jünger und eng mit dem Aufkommen dessen verbunden, was Zeitgenossen vor allem ab dem späten 19. Jahrhundert als Massengesellschaft teils emphatisch begrüßten, zu einem größeren Teil indes perhorreszierten – weil sie die Masse als Gegenspieler des verantwortungsvollen Individuums für Chaos verantwortlich machten; Masse erschien vielen als „irrationale, degenerierte Kehrseite der Moderne", antisittlich und antirational (Middendorf 2009, S. 76). Der besagte Gustave Le Bon betrachtete politische Führer gar als von der Masse getrieben, der er gleichzeitig Manipulierbarkeit vorwarf: „Überall sind die Massen weibisch, die weibischsten aber sind die lateinischen Massen" (Le Bon 1951, S. 22).

Werden diese Gedanken ins Extrem fortgesetzt, erscheint Führung am Ende nicht mehr als souveräne Leistung, sondern als Mimesis: Der Führer folgt der Masse, ahmt sie gewissermaßen nach. Hier dominieren die kleinen Männer, hier ist systematisch kein Ort für seine persönlichen Eigenschaften und Fähigkeiten. Diese Logik mündet im imperativen Mandat: sei es in Gestalt von

Populismen, die den reinen Willen des Volkes getreulich zu exekutieren beanspruchen, sei es in Gestalt eines kommunistischen Rätesystems. Die Bolschewiki verstanden sich als Avantgarde der Masse, die lediglich deren Anliegen voraustrugen, legitimiert allein durch ihr besonderes Geschick, „unmittelbar mit den ‚Massen' kommunizieren zu können" (Dahlke 2010, S. 67); Lenin verfocht das Konzept von Berufsrevolutionären, die indes in enger Verbindung mit dem unterdrückten Volk stünden. Auch ganz andere Bewegungen leiteten ihren Herrschaftsanspruch aus ihrer Nähe zur Masse ab, indem sie ihre Führer als solche entwarfen, die organisch aus der Masse herauswüchsen – bis hin zur Inszenierung als Durchschnittsgestalten aus dem Volk. So unterschiedlich diese Strömungen auch wieder sind, sie weisen eine substantielle Gemeinsamkeit auf: indem sie Führung nicht aus den Personen der Führer resultieren lassen, aus ihren Naturanlagen oder Kompetenzen, sondern aus dem Handeln der Geführten.

Der „Große Mann" und das „Charisma"(s. Tab. 4.2) stellen also zwei Paradigmen dar, Führung zu denken; man kann sie sich als Extreme auf einer Skala vorstellen, auf der sich fast alle Führungs-Konzepte eintragen lassen – wiewohl auch eine postmoderne Variante denkbar ist, die beiden Skalenenden wiederum zu verbinden: dass Führung immer auch einen Konstruktionscharakter hat, schließt mitnichten aus, dass die imaginierten Führer-Eigenschaften zugleich reale sind.

Tab. 4.2 „Großer Mann" versus „Charisma"

	„Großer Mann"	„Charisma"
Blick auf	Führende	Folgende
Entstehung	Gottgegeben	Konstruiert

Quelle: Eigene Darstellung

4.3 Argumentationsweisen: „Führungsstärke" und „Führungsschwäche"

Politische Führung ist keineswegs nur eine Erzählung – aber zu einem gewissen Grade immer auch. Wir nutzen sie, um Politik verständlich zu machen, und wir brauchen sie auch in der Politik selbst: um uns selbst als Handelnde in spezifischen Rollen zu entwerfen, vom Wähler bis hin zum Regierungschef.

Dazu kommt ein dialektisches Moment. Zu politischer Führung gehört auch das Reden über politische Führung selbst: Einerseits prägt die Politik, wie Politiker über Politik(er) reden. Andererseits steht auch „Führung" selbst in der politischen Auseinandersetzung. Politiker stehen für spezifische Inhalte und Interessen, aber auch für spezifische Arten und Weisen, Führung zu betreiben. Wenn sie über politische Führung sprechen, verbinden sich intellektuelle Interessen indes oftmals mit wesentlich schnöderen: nämlich mit Strategien, sich selbst als führungsstark zu inszenieren oder andere durch Kritik an deren Führung zu entmachten. Insbesondere der Vorwurf der Führungsschwäche dient selbst als politisches Argument, das übrigens nicht zwingend tadelbehaftet sein muss, sondern sogar lobend gemeint sein kann. Eine „schwache" Führung mag situativ höchst erwünscht sein, weil sie anderen Raum zur eigenen Entfaltung lässt. Diese Ambivalenz lässt sich am Falle Ludwig Erhards erkennen, den insbesondere sein Amtsvorgänger Konrad Adenauer in fortwährenden Sticheleien stets als führungsunfähig bezeichnet hatte – was andere nicht anders sahen, aber unter umgekehrten Vorzeichen interpretierten: als Anzeichen einer neuen, wünschenswerten Art von Politik, die nicht hauptsächlich vom Kanzler definiert sei und mithin eine neue Form der Demokratie ermögliche (Geiger 2017, S. 88).

4 Vom Sinn des Führens: Politische Führung als Idee

Häufiger freilich sind die Fälle, in denen Führungsschwäche als fundamentale Kritik gemeint ist; legendär sind die bereits erwähnten Zitate Herbert Wehners, der sich in einem Spiegel-Artikel mit schon beleidigenden Bemerkungen über einen seiner Meinung nach regierungsunlustigen, wenn nicht regierungsunfähigen Bundeskanzler Willy Brandt vernehmen ließ. „Der Herr badet gern lau – so in einem Schaumbad", gab Wehner damals freimütig kund und lieferte zudem ein titelgebendes Verdikt: „Was der Regierung fehlt, ist ein Kopf" (Wehner 1973, S. 27). Welche Kalküle dabei Wehner im Einzelnen verfolgte, ist umstritten, aber hier nicht weiter relevant. Relevant ist stattdessen, wie Wehner seine vehemente Kritik intonierte: nämlich im Tenor der Führungsschwäche, jenem Vorwurf, der so etwas wie eine Allzweckwaffe in der politischen Auseinandersetzung darstellt, auch unter Parteifreunden.

Man wird kaum einen bekannten Politiker finden, dem nicht irgendwann einmal Führungsschwäche nachgesagt worden wäre (was man schon fast als demokratisches Kompliment werden dürfte, jedenfalls im Vergleich zum nicht minder topischen Vorwurf des Abgehobenseins). Es handelt sich also um eine Routine der Machtpolitik, die einer kurzen Erläuterung bedarf – nicht der facettenreichen Details, sondern des Prinzips halber: Das Reden über politische Führung ist selbst ein politischer Sprechakt, hat also eine diskursive Komponente. Doch diese diskursive Komponente beschränkt sich nicht auf tagespolitische Effekte und die Vorteile, die für einzelne Akteure entstehen, indem sie sich öffentlich zu bestimmten Führungs-Idealen oder Führungspersönlichkeiten bekennen. Das Reden über politische Führung erfüllt also zugleich eine wesentliche Funktion politischer Gemeinwesen – als Medium von Grundsatzdebatten, als Teil der notwendigen Selbstverständigung sowohl über das bestehende als auch über das gewünschte politische System.

Im politischen Alltag ist diese Funktion nicht immer ersichtlich, aber so gut wie immer präsent; vor allem dann, wenn Politiker mehr Führung einfordern, erhoffen sie sich vom unmittelbaren Adressaten vielmehr oft wenmiger Führung, die sie vom bisherigen Führungspersonal auf sich selbst oder andere übergehen sehen möchten. Ähnliches gilt für Forderungen nach Transparenz oder Bürgerbeteiligung; wer mit seinem konkreten Anliegen gehört werden will, fordert gerne Responsivität ein und klagt darüber, dass eine starke Führung den Volkswillen verkenne – wer das seinige gewahrt wissen will, lobt hingegen Konsequenz und Verlässlichkeit in der Politik, die nicht vor irgendwelchen eigennützigen Lobbys einknicken dürfe, und pocht vordringlich auf eine starke Führung.

Debatten um „Führungsschwäche", „Führungsstärke" und dergleichen betreffen vordergründig Eigenschaften einzelner Politiker, verhandeln zugleich indes Interessen: unmittelbare Machtambitionen ebenso wie die Frage danach, was eigentlich die Aufgabe von Politik sei – Führen oder Geführtwerden. Oftmals werden solche Aspekte erst in der historischen Distanz deutlich. Manchmal entspringen daraus fundamentale Debatten, wie sie sich etwa im Streit um die Verabschiedung der US-amerikanischen Verfassung im Jahre 1787 fassen lassen; während die Gegner der Konstitution ihre eigenen Interessen im Blick hatten und darauf drangen, den Bundesstaaten möglichst viele Rechte zu belassen, entwickelten die Federalists als wirkungsmächtige Anhänger der Verfassung und mit ihren eigenen Interessen einer wirkungsmächtigen Bundesregierung das Konzept des „checks and balances", um mehr Führung einzufordern und ihr zugleich den Ruch des Machtmissbrauchs zu nehmen – also institutionelle Grenzen von Führung abzustecken.

Daran erweist sich zugleich, wie abhängig die Frage nach politischer Führung sowie ihrem Ge- oder

4 Vom Sinn des Führens: Politische Führung als Idee

Tab. 4.3 Politische Führung anhand der drei Politik-Begriffe

	Politics	Policy	Polity
Blick auf	Machtverteilung	Sachergebnis	Politisches System
Indikator	Wahlergebnisse	„Harte" Zahlen	Prozeduren
Führung	Machtgetrieben	Sachgeleitet	Prozessgebunden

Quelle: Eigene Darstellung

Misslingen vom konkreten Zweck ist, den man ihr setzt. Wer Führung auf der Ebene der Machtpolitik verortet, also nach „Politics" fragt, wird sie anders definieren als jemand, der auf Politikresultate in Gestalt greifbarer Gesetzgebungsakte etc., also auf „Policy" achtet – und wer wiederum auf das politische System insgesamt, also auf die „Polity" schaut, wird erneut eine ganz andere Perspektive einnehmen müssen(vgl. Tab. 4.3).

Um ein Exempel zu geben: Gerhard Schröders „Agenda 2010" war in puncto Politics ein Fehlschlag, weil der Kanzler seine Macht und sein Amt in der Folge einbüßte – ironischerweise, weil die Agenda 2010 gerade die Regierungsmehrheit hatte sichern und somit einem „Machtziel" hatte dienen sollen (Sunken 2016, S. 238–241). In puncto Policy gilt sie indes weithin als Erfolg, weil sie Strukturreformen bewirkte, und besaß in puncto Polity eine oft vergessene Wirkung: gewissermaßen als Vorbedingung der Großen Koalition ab 2005, weil die Union in der Opposition wesentliche Elemente der Reformen unterstützt hatte. Die Einführung der Dynamischen Rente unter Konrad Adenauer beispielsweise lässt sich ähnlich deuten. Die deutliche Rentenerhöhung koppelte die Altersversorgung an die unterdessen massiv gestiegenen Löhne, sie half der Union im Jahre 1957, einen fulminanten Wahlsieg zu erringen – und sie dürfte auch einen nicht zu unterschätzenden Polity-Effekt besessen haben, indem sie das Vertrauen in die Tragfähigkeit des Sozialsystems des jungen Staates stärkte.

Theoretisch lassen sich diese Dimensionen gut unterscheiden, in der Praxis aber verschwimmen sie für die Akteure. Sachfragen lassen sich nur selten von Personal- und Machtfragen trennen, alle drei können wiederum in Systemfragen münden. Ihr Medium aber ist oft die Führung – als politische Tätigkeit und als politisches Argument; die Einforderung von Führungsstärke ist eng an jene Interessen gekoppelt, die jeweils durchgesetzt, aber nur selten sichtbar gemacht werden sollen.

5
Fazit: Führung als Angebot

Führung besteht also auch im Streit darum, was Führung sei bzw. sein solle. Sie stellt eine Praxis dar, in der selbst die Theorie einen wesentlichen Teil des Machtkampfes bildet. Führung zu definieren, dient oftmals als Medium individueller Machtambitionen und kollektiver Veränderungswünsche; wer für einen anderen „politischen Stil" wirbt, beansprucht in der Regel, ihn besonders gut zu verkörpern. Divergierende Führungskonzepte und Führerideale spiegeln Konfliktkonstellationen wider, auch unterschiedliche Gesellschaftsvorstellungen. Gerade darin liegt eine wichtige Funktion einschlägiger Debatten: Wer von Führung redet, spricht notwendigerweise über die Gestaltung des Miteinander – über den Status von spezifischen Akteuren und Gruppen, über den Status der jeweiligen Interessen, über das, was noch im politischen Widerstreit verbindend wirken kann.

Führung ist mithin das Prisma, durch das wir Politik wahrzunehmen gewohnt sind: im beobachtenden Alltag wie in der Politikwissenschaft. Wer Führung genauer betrachtet, erblickt zwangsläufig die ihr zugrunde liegenden Menschenbilder, optimistische wie pessimistische. Sie zeigen unterschiedliche Profile derjenigen, die jeweils angeblich am ehesten führen könnten, sollten, müssten – vom Philosophenkönig bis zum Bürger mit gesundem Menschenverstand, vom Experten bis zum Laien, vom Charismatiker bis zum Bürokraten. Auch eine der wesentlichen Triebfedern der Politik machen Führungsdebatten in Theorie und Praxis sichtbar: Interessen, die in manchen Führungsvorstellungen prominent, in anderen weniger prominent figurieren.

Das weckt Sehnsucht wie Skepsis zugleich, weil Führung rasch in Verführung umschlagen kann. Nicht jeder Führende bezweckt das Allgemeinwohl. Aber indem er nun einmal nicht nicht führen kann, ist er bereits Teil eines Aushandlungsprozesses um dieses Gut. Dieser Prozess endet nie, auch Führung ist ein tagtägliches Plebiszit. Ebenso wenig steht in der Demokratie ein universaler Konsens darüber zu erwarten, worin das Gemeinwohl konkret bestehe, wie ein universaler Konsens über ein bestimmtes Führungs-Konzept. Vielmehr handelt die Demokratie permanent neu aus, was sie als Führung akzeptiert.

Dazu gehört sogar die Bestimmung einzelner Elemente der Führung; welche konkreten handwerklichen Kniffe dafür qualifizieren, vom emsigen Knüpfen von Netzwerken bis zu raffinierter PR-Arbeit, ändert sich im historischen Verlauf immer wieder – und hängt sehr von den Umständen ab. Entscheidend ist zweierlei. Erstens lebt die parlamentarische Demokratie von der Überzeugung, dass im Prinzip jeder diese Kniffe erlernen kann. Zweitens umfasst Führung nicht allein die Führer, sondern erst recht diejenigen, die sich von ihnen führen lassen. Diese Wendung begründet auch den Kerngedanken dieses Buchs: dass Führung vor allem darin besteht, spezifische Angebote zu machen, abstrakte wie konkrete, in sinnstiftenden Werten wie in politischen Maßnahmen.

Gewiss hat Führung auch eine subjektive Facette. Wie eine einzelne Politikerin führt, ist zugleich Charakterporträt wie Momentaufnahme: Ihre persönlichen Eigenschaften sind dafür relevant, aber eben auch die Rollen, die sie etwa in Personalunion als Bundeskanzlerin, Parteivorsitzende, Fraktionsmitglied und Wahlkreisabgeordnete zu spielen hat – und die mannigfachen Kontexte, von akuten Entwicklungen bis hin zu kulturellen Hintergründen. Um andere Menschen zu führen, braucht man zweifellos etwas rhetorisches Geschick, handwerkliche Übung, Menschenkenntnis und anderes mehr. Es ist beileibe kein Truismus, „dass das Verhalten individueller Akteure in politischen Entscheidungsprozessen einen Unterschied machen kann" (Glaab 2013, S. 355). Aber Führung zeigt sich eben auch objektiv, als Interaktion von Menschen, die zwar in einer Hierarchie stehen, aber diese Hierarchie permanent bestätigen oder verändern. Deshalb lässt sich gerade die in letzter Zeit oft beschworene Responsivität nicht als Gegenteil, sondern geradezu als Inbegriff von Führung fassen. Führung ist, so betrachtet, nicht identisch mit Lenkung, sondern ein „Verhältnis unter Menschen" (Dahl 1969, S. 80), ein Modus der politischen Kommunikation.

Aus all diesen Gründen kann das Fazit dieser Einführung unmöglich in knappen Maximen münden, wie Führung in allen so mannigfachen Situationen jeweils konkret zu gestalten sei. Statt einer pauschalen Handlungsanweisung, die es ob der Vielfalt der Politik und der Menschen in der parlamentarischen Demokratie gar nicht geben kann, steht hier ein Denkhinweis auf die Aporien der Führung, die theoretischen wie die praktischen. Auch dafür gibt es übrigens ein Brecht-Zitat aus dem eingangs erwähnten Gedicht: „So viele Berichte, So viele Fragen" (Brecht 1967, S. 657). Gleichwohl resultiert eine Summe aus den zahlreichen Denkansätzen, die im vorliegenden Buch transparent werden: nämlich diejenige, Führung als eine Art kollektives Kunsthandwerk zu betrachten – Handwerk, weil man viele Führungstechniken erlernen kann, und Kunst, weil jede Führung ein Unikat darstellt, so individuell wie alle, die an ihr jeweils mitwirken. Das sind nicht allein die Führenden selbst: Sie können nur Angebote machen. Über deren Annahme entscheiden andere. Selbst Wahlgeschenke kann man zurückweisen und sollte es bisweilen sogar. Wenn Führung von unten gemacht, von allen gemeinsam konstituiert wird, stehen auch alle gemeinsam in der Verantwortung.

Kommentierte Literaturhinweise

Platon: Der Staat (um 380 v. Chr., etwa in der zweisprachigen Ausgabe: Platon (2000): Der Staat/Politeia. Griechisch-deutsch, übers. von Rudolf Rufener, hrsg. von Thomas A. Szlezák, Düsseldorf/Zürich).

Dieser wohl wirkungsmächtigste der platonischen Dialoge gehört nicht zur aktuellen Forschungsliteratur. Aber er prägt sie bis heute paradigmatisch, steht er doch am Anfang der abendländischen Auseinandersetzung mit politischer Führung überhaupt. Platons Ideal der Philosophenkönige definiert sich normativ: aus der Tugend der Führenden, aus ihren Charaktermerkmalen und Fähigkeiten, die sie zu Garanten des nur von ihnen zu erkennenden Gemeinwohls machen. Hier geht es also um gutes Regieren, präziser: darum, dass die Guten regieren.

Machiavelli, Niccolò: Der Fürst (1532, etwa in der zweisprachigen Ausgabe: Machiavelli, Niccolò (1986): Der Fürst. Italienisch/Deutsch, übers. und hrsg. von Peter Rippel, Stuttgart).

Dieser frühneuzeitliche Klassiker markiert gewissermaßen den Gegenpol zur platonischen Herangehensweise: Er betreibt eine realpolitische Bestandsaufnahme, wie ein Herrscher politische Führung erringen und behaupten kann, und gibt allerhand raffinierte Ratschläge, um die eigene Macht zu sichern – und zwar mit allen Mitteln, auch mit unmoralischen wie Lüge und Verstellung. Machiavelli konzentriert sich also auf wesentliche Herrschaftstechniken, deren Wirksamkeit in spezifischen Situationen er pointiert analysiert.

Mandeville, Bernard de: Die Bienenfabel (1705, etwa in der Übersetzung: Mandeville, Bernard de (1968): Die Bienenfabel oder Private Laster, öffentliche Vorteile. Einleitung von Walter Euchner, Frankfurt am Main).

Mandevilles Pose erinnert zunächst an Machiavelli: Auch er widmet sich einer Entlarvung der Gesellschaft – freilich in anderer Perspektive. Er untersucht nicht Herrschaft, sondern blickt auf das Gemeinwohl, das seiner Fabel gemäß nicht aus Tugenden entsteht, sondern vielmehr aus den zahlreichen Lastern. Indem Individuen bis hin zu korrupten Politikern nur ihren eigenen Vorteil anstreben, fördern sie Mandeville zufolge unwissentlich die allgemeine Wohlfahrt; aus einem negativen Motiv-Input wird so ein positiver Nutzen-Output.

Montesquieu: Der Geist der Gesetze (1748, etwa in der vollständigen Übersetzung: Montesquieu, Charles de (1992): Vom Geist der Gesetze, übers. und hrsg. von Ernst Forsthoff, 2 Bände, 2. Auflage, Tübingen).

In dieses aufklärerische Meisterwerk brachte Montesquieu eine Fülle von politischen sowie soziokulturellen Befunden ein; seine vergleichenden Studien galten unter anderem den Regierungsformen – die Montesquieu auf die Mentalitäten der jeweiligen Staaten bzw. Völker zurückführte. Sein mehrbändiges Werk erklärt die politische Welt aus ihren konkreten lebensweltlichen Umständen heraus, bis hin zum postulierten Zusammenhang von Klima, Nationalcharakter und sozialer sowie staatlicher Verfassung.

Hamilton, Alexander/Madison, James/Jay, John: The Federalist Papers (1787/1788, als vollständige Übersetzung ins Deutsche etwa: Hamilton, Alexander/Madison, James/Jay, John (1994): Die Federalist-Artikel. Politische Theorie und Verfassungskommentar der amerikanischen Gründerväter, hrsg. von Angela Adams/Willi Paul Adams, Paderborn).

Alexander Hamilton, James Madison und John Jay traten mit einer Serie von anonym publizierten Artikeln dafür ein, dass die 1787 entworfene Verfassung der Vereinigten Staaten von Amerika von den Bundesstaaten auch ratifiziert würde; insbesondere versuchten sie, Einwände jener Gegner zu entkräften, die in der neuen Konstitution eine anti-demokratische Attacke auf die soeben errungene Volkssouveränität witterten. Sie formten das Konzept des „Checks and Balances" – und zugleich eine wirkungsmächtige Pluralismus-Theorie.

Weber, Max: Die drei reinen Typen der legitimen Herrschaft (1922, etwa in der Studienausgabe: Weber, Max (1988): Gesammelte Aufsätze zur Wissenschaftslehre, hrsg. von Johannes Winckelmann, 7. Auflage, Tübingen, S. 475–488).

Webers knappe Skizze ist eine der Pionierschriften der Herrschaftssoziologie; insbesondere seine Definition der „Charismatischen Herrschaft", die Weber auch in seinem nicht minder lesenswerten Vortrag „Politik als Beruf" akzentuierte, verdient Aufmerksamkeit. Sie fragt nicht nach einem „natürlichen" Charisma, sondern rückt die Anerkennung des Führers durch die (freiwillig) Geführten ins Zentrum der Argumentation. Damit steht Weber am Beginn der zahlreichen interaktionistischen Deutungsansätze, die in jüngster Zeit vor allem auf die „Follower" abheben.

Burns, James MacGregor (1978): Leadership, New York.
Die jüngere „Leadership"-Forschung ist vielfach aus amerikanischen „Presidential Studies" erwachsen, so auch bei Burns, der zuvor unter anderem eine Biografie Franklin D. Roosevelts publiziert hatte. Wissenschaftlich Epoche gemacht hat seine Unterscheidung zwischen „transaktionaler" und „transformativer" Führung: Letztere begründet eine Überzeugungsgemeinschaft, getragen vom Willen zum Gemeinwohl. Insofern argumentiert Burns normativ, hat aber zugleich eine deskriptive Wende mitgestaltet; indem der „Leader" die Bedürfnisse des „Follower" erkennt und ihn motivierend einbezieht, ermöglicht er ihm, seine Potentiale zu aktualisieren.

Helms, Ludger (2005): Regierungsorganisation und politische Führung in Deutschland, Wiesbaden.
Diese empiriegesättigte Studie exemplifiziert die meistgewählte Herangehensweise zahlreicher neuerer politikwissenschaftlicher Studien; sie fragt in vergleichender Perspektive nach den Besonderheiten politischer Führung in Deutschland und nimmt dabei insbesondere die Bundesregierung in den Blick, von den sozio-kulturellen Rahmenbedingungen über die individuellen Lebensläufe der Kanzler bis hin zum konkreten Regierungshandeln – mit einem integrativen, „interaktionistischen" Fokus.

Kellerman, Barbara (2008): Followership. How Followers are Creating Change and Changing Leaders, Boston.
Dieses leidenschaftliche Plädoyer argumentiert vom aktiv konzipierten „Follower" aus und betont in Gestalt

einer langfristigen Erfolgsgeschichte die Macht der scheinbar Machtlosen; insofern regt es an, auch den medialen Wandel und neue Partizipationsmöglichkeiten in Führungs-Konzeptionen zu integrieren.

Grint, Keith (2010): Leadership. A Very Short Introduction, Oxford.
Dieses konzise Werk führt facettenreich in die jüngere Forschung über Führung ein – und eröffnet einen außergewöhnlich weiten historischen und begrifflichen Horizont, indem es die zahlreichen Ambivalenzen der gängigen Konzepte aufspannt. Es nimmt vor allem Institutionen in den Blick, die einen Rahmen für verantwortliche Führung schaffen sollen.

Rhodes, Roderick A. W./t'Hart, Paul (Hrsg., 2014): The Oxford Handbook of Political Leadership, Oxford.
Dieses vielseitige Kompendium reicht von der philosophischen Theorie bis in die politische Praxis. Es bietet insbesondere ein breites Forschungs-Panorama und erlaubt einen Ausblick von diversen analytischen Perspektiven; auf diese Weise bildet es zugleich die interdisziplinäre Vielfalt der internationalen Leadership-Forschung ab.

Literatur

Acton, John Emerich Edward Dalberg (1913): Letters of Lord Acton to Mary, Daughter of the Right Hon. W. E. Gladstone, hrsg. von Herbert Paul, 2. Auflage, London.

Acton, John Emerich Edward Dalberg (1985): Selected Writings, Band 2: Essays in the Study and Writing of History, hrsg. von Rufus J. Fears, Indianapolis.

Amann, Melanie/Müller, Peter/Repinski, Gordon (2013): In der Zange der Populisten, in: Der Spiegel, Nummer 45, 04. November 2013, S. 40–42.

Arnim, Hans Herbert von (2009): Volksparteien ohne Volk. Das Versagen der Politik, München.

Arnold, Lea (2010): Unabhängige Wirtschaftspolitik. Wissenschaftliche Politikberatung seit 1968 am Beispiel der Fünf Wirtschaftsweisen, Wiesbaden.

Augustus (2015): Meine Taten/Res Gestae Divi Augusti. Lateinisch – griechisch – deutsch, hrsg. von Ekkehard Weber, 7. Auflage, Berlin/Boston.

Avolio, Bruce J./Walumbwa, Fred O./Weber, Todd J. (2009): Leadership. Current Theories, Research, and Future Directions, in: Annual Review of Psychology, Band 60, S. 421–449.

Baecker, Dirk (2015): Postheorische Führung, Wiesbaden.
Baring, Arnulf (1982): Machtwechsel. Die Ära Brandt-Scheel, 3. Auflage, Stuttgart.
Baumgarten, Hermann (1974): Der deutsche Liberalismus. Eine Selbstkritik, hrsg. von Adolf M. Birke, Frankfurt am Main/Berlin/Wien.
Becker, Helmut (2006): Phänomen Toyota. Erfolgsfaktor Ethik, Berlin/Heidelberg/New York.
Becker, Sabrina (2018): Experiment Weimar. Eine Kulturgeschichte Deutschlands 1918–1933, Darmstadt.
Bell, David S. (2014): Political Science, in: Rhodes, Roderick A. W./t'Hart, Paul (Hrsg.): The Oxford Handbook of Political Leadership, Oxford, S. 87–100.
Bellamy, Richard (2010): The Advent of the Masses and the Making of the Modern Theory of Democracy, in: Ball, Terence/Bellamy, Richard (Hrsg.): The Cambridge History of Twentieth-Century Political Thought, 3. Auflage, Cambridge, S. 70–103.
Bergstraesser, Arnold (1961): Führung in der modernen Welt, Freiburg im Breisgau.
Bertagnoli, Frank (2018): Lean Management. Einführung und Vertiefung in die japanische Management-Philosophie, Wiesbaden.
Beyme, Klaus von (1993): Die politische Klasse im Parteienstaat, Frankfurt am Main.
Binder, Julius (1929): Führerauslese in der Demokratie, Langen-salza.
Blair, Tony (2010): A Journey, London.
Bleek, Wilhelm (2011): Geschichte der Politikwissenschaft in Deutschland, München.
Bliesemann de Guevara, Berit/Reiber, Tatjana (2011): Popstars der Macht. Charisma und Politik, in: Bliesemann de Guevara, Berit/Reiber, Tatjana (Hrsg.): Charisma und Herrschaft. Führung und Verführung in der Politik, Frankfurt am Main/New York, S. 15–52.
Blondel, Jean (2014): What have we learned? in: Rhodes, Roderick A. W./t'Hart, Paul (Hrsg.): The Oxford Handbook of Political Leadership, Oxford, S. 705–718.

Bobbio, Norberto (2009): Ethik und die Zukunft des Politischen, Berlin.
Bracher, Karl Dietrich (1982): Zeit der Ideologien. Eine Geschichte politischen Denkens im 20. Jahrhundert, Stuttgart.
Bracher, Karl Dietrich (1990): Über den Umgang mit Verfassung und Institutionen in Deutschland, in: Rudolph, Hermann (Hrsg.): Den Staat denken. Theodor Eschenburg zum Fünfundachtzigsten, Berlin, S. 175–198.
Brandt, Willy/Schmidt, Helmut (2015): Partner und Rivalen. Der Briefwechsel (1958–1992), hrsg. von Meik Woyke, Bonn.
Brecht, Bertolt (1967): Fragen eines lesenden Arbeiters, in: Brecht, Bertolt: Gesammelte Werke, Band 9, Frankfurt am Main, S. 656–657.
Broadwell, Paula (2012): All in. The Education of General David Petraeus, New York.
Bröckling, Ulrich (2017): Gute Hirten führen sanft. Über Menschenregierungskünste, Berlin.
Brown, Archie (2018): Der Mythos vom starken Führer. Politische Führung im 20. und 21. Jahrhundert, Berlin.
Bruns, Tissy (2007): Republik der Wichtigtuer. Ein Bericht aus Berlin, Freiburg im Breisgau.
Bueb, Bernhard (2008): Von der Pflicht zu führen. Neue Ge-bote der Bildung, Berlin.
Burnham, James (1949): Die Machiavellisten. Verteidiger der Freiheit, Zürich.
Burns, James MacGregor (1979): Leadership, New York.
Burns, James MacGregor (2003): Transforming Leadership. A New Pursuit of Happiness, New York.
Bush, George W. (2010): Decision Points, New York.
Canetti, Elias (1995): Der 15. Juli, in: Wortmasken. Texte zu Leben und Werk von Elias Canetti, hrsg. von Ortrun Huber, Frankfurt am Main, S. 101–110.
Carlyle, Thomas (1993): On Heroes, Hero-Worship, & the Heroic in History, hrsg. von Michael K. Goldberg/Joel J. Brattin/Mark Engel, Berkeley/Los Angeles/Oxford.
Carrel, Laurent F. (2010): Leadership in Krisen. Ein Leitfaden für die Praxis, 2. Auflage, Zürich.

Carstens, Karl (1971): Politische Führung. Erfahrungen im Dienst der Bundesregierung, Stuttgart.
Citron, Bernhard (1933): Hitler oder Hugenberg?, in: Die Weltbühne, Nummer 7/1933, 14. Februar 1933, S. 237–240.
Collini, Stefan (2009): Absent Minds. Intellectuals in Britain, Oxford.
Covey, Stephen R. (2008): Die effektive Führungspersönlichkeit. Prinzipienorientiert managen, 4. Auflage, Frankfurt am Main/New York.
Creveld, Martin van (1989): Kampfkraft. Militärische Organisation und militärische Leistung 1939–1945, Freiburg im Breisgau.
Crouch, Colin (2008): Postdemokratie, Frankfurt am Main.
Dahl, Robert A. (1969): The Concept of Power, in: Bell, Roderick/Edwards, David V./Wagner, R. Harrison (Hrsg.): Political Power. A Reader in Theory and Research, New York/London, S. 79–93.
Dahl, Robert A. (1971): Polyarchy, New Haven.
Dahl, Robert A. (1989): Democracy and Its Critics, New Haven.
Dahlke, Sandra (2010): Individuum und Herrschaft im Stalinismus. Emel'jan Jaroslavskij (1878–1943), München.
Day, David (2001): Leadership Development. A Review in Context, in: Leadership Quarterly, Band 11, S. 581–613.
Decker, Frank (2016): Parteiendemokratie im Wandel. Beiträge zur Theorie und Empirie, Baden-Baden.
Deutsch, Karl W. (1976): Staat, Regierung, Politik. Eine Einführung in die Wissenschaft der vergleichenden Politik, Freiburg im Breisgau.
Dohnanyi, Klaus von (1998): Politik und wissenschaftliche Beratung – Reißt die Kluft auf?, in: Heilemann, Ulrich/Kath, Dietmar/Kloten, Norbert (Hrsg.): Entgrenzung als Erkenntnis- und Gestaltungsaufgabe. Festschrift für Reimut Jochimsen zum 65. Geburtstag, Berlin, S. 109–114.
Dönhoff, Marion Gräfin (1993): Im Wartesaal der Geschichte. Vom Kalten Krieg zur Wiedervereinigung: Beiträge und Kommentare aus fünf Jahrzehnten, Stuttgart.

Doppler, Klaus/Lauterburg, Christoph (2009): Change Management. Den Unternehmenswandel gestalten, Frankfurt am Main/New York.

Downs, Anthony (1957): An Economic Theory of Democracy, New York.

Drucker, Peter F. (1984): Auf dem Wege zur nächsten Wirtschaftstheorie, in: Bell, Daniel/Kristol, Irving (Hrsg.): Die Krise in der Wirtschaftstheorie, Berlin u. a., S. 1–19.

Drucker, Peter F. (2004): Das Geheimnis effizienter Führung, in: Harvard Business Manager, Nummer 8/2004, S. 26–35.

Eckert, Georg (2013): Vom Wesen und Unwesen erfolgreicher Politik – ein Versuch, in: Eckert, Georg/Novy, Leonard/Schwickert, Dominic (Hrsg.): Zwischen Macht und Ohnmacht. Facetten erfolgreicher Politik, Wiesbaden, S. 31–46.

Evans, Rowland/Novak, Robert (1966): Lyndon B. Johnson: The Exercise of Power. A Political Biography, New York.

Fagagnini, Hans Peter (2000): Was soll denn politische Führung?, in: Zeitschrift für Politik, Band 47, S. 274–292.

Feldenkirchen, Markus (2018): Die Schulz-Story. Ein Jahr zwischen Höhenflug und Absturz, 6. Auflage, München.

Feuchtwanger, Lion (2004a): Der falsche Nero, Berlin.

Feuchtwanger, Lion (2004b): Die Jüdin von Toledo, Berlin.

Fliegauf, Mark T./Huhnholz, Sebastian (2011): Parlamenta-rische Führung, in: Aus Politik und Zeitgeschichte, Nummer 4/2011, S. 21–26.

Fliegauf, Mark T./Kießling, Andreas/Novy, Leonard (2008): Leader und Follower – Grundzüge eines inter-personalen Ansatzes zur Analyse politischer Führungsleistung, in: Zeitschrift für Politikwissenschaft, Band 18, S. 399–421.

Fliegauf, Mark T./Menges, Jochen I. (2011): Führung in Wirtschaft und Politik: Analogiefähig oder unverträglich? Ein wissenschaftliches Plädoyer für transformationale Führung in der Politik, in: Zeitschrift für Politikberatung, Band 4, S. 99–108.

Forkmann, Daniela/Schlieben, Michael (2005): „Politische Führung" und Parteivorsitzende. Eine Einleitung, in: Forkmann,

Daniela/Schlieben, Michael (Hrsg.): Die Parteivorsitzenden in der Bundesrepublik Deutschland 1949–2005, Wiesbaden, S. 11–21.

Freedman, Lawrence (2000): Kennedy's Wars. Berlin, Cuba, Laos, and Vietnam, Oxford.

Freud, Sigmund (1967): Massenpsychologie und Ich-Analyse, in: Freud, Sigmund: Gesammelte Werke, hrsg. von Anna Freund u. a., Band 13: Jenseits des Lustprinzips/Massenpsychologie und Ich-Analyse/Das Ich und das Es, 5. Auflage, Hamburg, S. 71–161.

Frey, Dieter/Schmalzried, Lisa (2013): Philosophie der Führung. Gute Führung lernen von Kant, Aristoteles, Popper & Co., Heidelberg/Berlin.

Fröhlich, Stefan (2001): „Auf den Kanzler kommt es an": Helmut Kohl und die deutsche Außenpolitik. Persönliches Regiment und Regierungshandeln vom Amtsantritt bis zur Wiedervereinigung, Paderborn.

Fromm, Erich (2010): Die Furcht vor der Freiheit, 15. Auflage, München.

Fröschle, Ulrich (2011): Geborene Führer? Zur Natur- und Kulturgeschichte „charismatischer Führung" im 19. Jahrhundert, in: Neumann, Michael/Stüssel, Kerstin (Hrsg.): Magie der Geschichten. Weltverkehr, Literatur und Anthropologie in der zweiten Hälfte des 19. Jahrhunderts, Konstanz, S. 485–508.

Funk, Albert (2010): Föderalismus in Deutschland. Vom Fürstenbund zur Bundesrepublik, Paderborn.

Gabriel, Oscar W. (2006): Kann und soll Politik führen?, in: Gabriel, Oscar W./Neuss, Beate/Rüther, Günther (Hrsg.): Eliten in Deutschland. Bedeutung – Macht – Verantwortung, Bonn, S. 74–93.

Gallus, Alexander (2012): Die Schönwetterdemokratie im Umfragetief. Weniger Demoskopie wagen?, in: Braun, Stephan/Geisler, Alexander (Hrsg.): Die verstimmte Demokratie. Moderne Volksherrschaft zwischen Aufbruch und Frustration, Wiesbaden, S. 115–122.

Gamper, Michael (2016): Der große Mann. Geschichte eines politischen Phantasmas, Göttingen.

Gast, Henrik (2010): Politische Führung als politikwissenschaftliches Problem. Zur Einführung in den Gegenstand, in: Sebaldt, Martin/Gast, Henrik (Hrsg.): Politische Führung in westlichen Regierungssystemen. Theorie und Praxis im internationalen Vergleich, Wiesbaden, S. 11–33.

Gast, Henrik (2011): Der Bundeskanzler als politischer Führer. Potenziale und Probleme deutscher Regierungschefs aus interdisziplinärer Perspektive, Wiesbaden.

Geiger, Theodor (1931): Führung, in: Vierkandt, Alfred (Hrsg.): Handwörterbuch der Soziologie, Stuttgart, S. 136–141.

Geiger, Tim (2017): Koalitionsverhandlungen und Koalitionsmanagement in der Kanzlerschaft Ludwig Erhards 1963–1966, in: Gassert, Philipp/Hennecke, Hans Jörg (Hrsg.): Koalitionen in der Bundesrepublik. Bildung, Management und Krisen von Adenauer bis Merkel, Paderborn, S. 83–112.

Gerstner, Alexandra (2008): Neuer Adel. Aristokratische Elitekonzeptionen zwischen Jahrhundertwende und Nationalsozialismus, Darmstadt.

Gestwa, Klaus (2010): Die Stalinschen Großbauten des Kommunismus. Sowjetische Technik- und Umweltgeschichte, 1948–1967, München.

Gilcher-Holtey, Ingrid (1995): „Die Phantasie an die Macht". Mai 68 in Frankreich, Frankfurt am Main.

Giuliani, Rudolph W. (2004): Leadership: Verantwortung in schwieriger Zeit. Meine Prinzipien erfolgreicher Führung, München.

Glaab, Manuela (2010): Political Leadership in der Großen Koalition. Führungsressourcen und -stile von Bundeskanzlerin Merkel, in: Egle, Christoph/Zohlnhöfer, Reimut (Hrsg.): Die zweite Große Koalition. Eine Bilanz der Regierung Merkel 2005–2009, Wiesbaden, S. 123–155.

Glaab, Manuela (2013): Politische Führung als strategischer Faktor. Was individuelle Akteure leisten können, in: Korte, Karl-Rudolf/Grunden, Timo (Hrsg.): Handbuch Regierungsforschung, Wiesbaden, S. 349–357.

Glaab, Manuela (2018): Führung, in: Voigt, Rüdiger (Hrsg.): Handbuch Staat, Wiesbaden, S. 1109–1118.
Göbel, Helmut (2005): Elias Canetti, Reinbek bei Hamburg.
Goebbels, Joseph (1935): Der Angriff. Aufsätze aus der Kampfzeit, 2. Auflage, München.
Goethe, Johann Wolfgang von (1890): Goethes Werke, hrsg. im Auftrag der Großherzogin Sophie von Sachsen, IV. Abteilung: Goethes Briefe, Band 6: Weimar. 1. Juli 1782 – 31. Dezember 1784, Weimar.
Goethes Gespräche (1998): Goethes Gespräche. Eine Sammlung zeitgenössischer Berichte aus seinem Umgang, Band 1: 1749–1805, hrsg. von Wolfgang Herwig, München.
Goerdeler, Carl Friedrich (2003): Mehr Macht dem Reichspräsidenten!, in: Politische Schriften und Briefe Carl Friedrich Goerdelers, hrsg. von Sabine Gillmann/Hans Mommsen, Band 1, München, S. 200–212.
Gothein, Eberhard (2006): Im Schaffen genießen. Der Briefwechsel der Kulturwissenschaftler Eberhard und Marie Luise Gothein (1883–1923), hrsg. von Michael Maurer/Johanna Sänger/Editha Ulrich, Köln 2006.
Grasselt, Nico/Korte, Karl-Rudolf (2007): Führung in Politik und Wirtschaft. Instrumente, Stile und Techniken, Wiesbaden.
Grint, Keith (2010): Leadership. A Very Short Introduction, Oxford.
Gross, Herbert (1954): Unternehmer in der Politik, Düsseldorf.
Gross, Johannes (1985): Notizbuch, Stuttgart.
Gross, Johannes (1990): Das neue Notizbuch, Stuttgart.
Gruber, Andreas K. (2009): Der Weg nach ganz oben. Karriereverläufe deutscher Spitzenpolitiker, Wiesbaden.
Gundolf, Friedrich/Kahler, Erich von (2012): Briefwechsel 1910–1913. Mit Auszügen aus dem Briefwechsel Friedrich Gundolf – Fine von Kahler, hrsg. von Klaus Pott/Petra Kuse, Band 2: 1923–1931, Göttingen.
Hagner, Michael (2004): Geniale Gehirne. Zur Geschichte der Elitegehirnforschung, Göttingen.

Hagner, Michael (2012): Wissenschaft und Demokratie oder: Wie demokratisch soll die Wissenschaft sein?, in: Hagner, Michael (Hrsg.): Wissenschaft und Demokratie, Berlin, S. 9–50.

Hamilton, Alexander/Madison, James/Jay, John (1994): Die Federalist-Artikel. Politische Theorie und Verfassungskommentar der amerikanischen Gründerväter, hrsg. von Angela Adams/Willi Paul Adams, Paderborn.

Hansen, Mogens Herman (1995): Die Athenische Demokratie im Zeitalter des Demosthenes. Struktur, Prinzipien und Selbstverständnis, Berlin.

Hartley, Jean (2014): Can Political Leadership Be Taught?, in: Rhodes, Roderick A. W./t'Hart, Paul (Hrsg.): The Oxford Handbook of Political Leadership, Oxford, S. 673–689.

Hatje, Armin (2010): Demokratie als Wettbewerbsordnung, in: Veröffentlichungen der Vereinigung der Deutschen Staatsrechtslehrer, Band 69, S. 135–172.

Hauptmann, Gerhart (1987): Tagebücher 1897 bis 1905, hrsg. von Martin Machatzke, Frankfurt am Main/Berlin.

Hegel, Georg Wilhelm Friedrich (1970): Phänomenologie des Geistes, hrsg. von Eva Moldenhauer/Karl Markus Michel, Frankfurt am Main.

Helms, Ludger (2000): „Politische Führung" als politikwissenschaftliches Problem, in: Politische Vierteljahresschrift, Band 41, S. 411–434.

Helms, Ludger (2005): Regierungsorganisation und politische Führung in Deutschland, Wiesbaden.

Helms, Ludger (2009): Möglichkeiten und Grenzen der vergleichenden ‚leadership'-Forschung, in: Zeitschrift für Politik, Band 56, S. 375–396.

Hennis, Wilhelm (1968): Politik als praktische Wissenschaft. Aufsätze zur politischen Theorie und Regierungslehre, München.

Hennis, Wilhelm (2004): „Suchet der Stadt Bestes…". „Politik als Beruf" in der Berliner Republik, in: Kaiser, André/Zittel, Thomas (Hrsg.): Demokratietheorie und Demokratieentwicklung. Festschrift für Peter Graf Kielmansegg, Wiesbaden, S. 317–332.

Hentze, Joachim/Graf, Andrea/Kammel, Andreas/Lindert, Klaus (2005): Personalführungslehre. Grundlagen, Funktionen und Modelle der Führung, 4. Auflage, Bern/Stuttgart/Wien.

Herbst, Ludolf (2010): Hitlers Charisma. Die Erfindung eines deutschen Messias, Frankfurt am Main.

Herzog, Roman (2009): Den „Altersmut" institutionalisieren. Eine Tour d'Horizon durch Gesellschaft und Politik, in: Gemeinnützige Hertie-Stiftung (Hrsg): Für Roman Herzog. Vernunft und Politik im 21. Jahrhundert, Hamburg, S. 434–458.

Heuss, Theodor (1965): Die großen Reden. Der Staatsmann, Tübingen.

Himmler, Norbert (2001): Die Entdeckung der Beschleunigung. Über die Rolle der Medien beim Aufstieg und Fall von Regierungen, in: Hirscher, Gerhard/Korte, Karl-Rudolf (Hrsg.): Aufstieg und Fall von Regierungen. Machterwerb und Machterosionen in westlichen Demokratien, München, S. 93–112.

Hoeres, Peter (2013): Von der „Tendenzwende" zur „geistig-moralischen Wende". Konstruktion und Kritik konservativer Signaturen in den 1970er und 1980er Jahren, in: Vierteljahrshefte für Zeitgeschichte, Band 61, S. 93–119.

Höffe, Otfried (2009): Ist die Demokratie zukunftsfähig? Über moderne Politik, München.

Höhn, Reinhard (1970): Führungsbrevier der Wirtschaft, Bad Harzburg.

Hollander, Edwin P. (1958): Conformity, Status and Idiosyncrasy Credit, in: Psychological Review, Band 65, S. 117–127.

Hübinger, Gangolf (2006): Gelehrte, Politik und Öffentlichkeit. Eine Intellektuellengeschichte, Göttingen.

Hume, David (1987): Essays. Moral, Political, and Literary, hrsg. von Eugene E. Miller, Indianapolis.

Illouz, Eva (2011): Die Errettung der modernen Seele. Therapien, Gefühle und die Kultur der Selbsthilfe, Frankfurt am Main.

Jaeger, Friedrich (2001): Amerikanischer Liberalismus. Perspektiven sozialer Reform zu Beginn des 20. Jahrhunderts, Göttingen.

Johnson, Nevil (1988): Politische Führung und Verantwortung in der Demokratie, in: Maier, Hans u. a. (Hrsg.): Politik, Philosophie, Praxis. Festschrift für Wilhelm Hennis zum 65. Geburtstag, Stuttgart, S. 386–396.

Jun, Uwe (2006): Populismus als Regierungsstil in westeuropäischen Parteiendemokratien. Deutschland, Frankreich und Großbritannien, in: Decker, Frank (Hrsg.): Populismus. Gefahr für die Demokratie oder nützliches Korrektiv?, Wiesbaden, S. 233–254.

Kaelble, Hartmut (2011): Kalter Krieg und Wohlfahrtsstaat. Europa 1945–1989, München.

Kant, Immanuel (1983): Zum ewigen Frieden. Ein philosophischer Entwurf, in: Kant, Immanuel: Werke, Band 6: Schriften zur Anthropologie, Geschichtsphilosophie, Politik und Pädagogik, hrsg. von Wilhelm Weischedel, 5. Auflage, Darmstadt, S. 193–251.

Karlauf, Thomas (2007): Stefan George. Die Entdeckung des Charisma, 2. Auflage, München.

Karlauf, Thomas (2016): Helmut Schmidt. Die späten Jahre, München.

Kästner, Erich (2004): Über den Nachruhm oder Der gordische Knoten, in: Kästner, Erich: Werke, Band 1: Zeitgenossen, haufenweise/Gedichte, hrsg. von Harald Hartung, München, S. 275.

Kellerman, Barbara (2004): Bad Leadership. What it Is, How it Happens, Why it Matters, Boston.

Kellerman, Barbara (2008): Followership. How Followers are Creating Change and Changing Leaders, Boston.

Kelsen, Hans (2006a): Verteidigung der Demokratie (1932), in: Kelsen, Hans: Verteidigung der Demokratie. Abhandlungen zur Demokratietheorie, hrsg. von Matthias Jestaedt/Oliver Lepsius, Tübingen, S. 229–237.

Kelsen, Hans (2006b): Vom Wesen und Wert der Demokratie, in: Kelsen, Hans: Verteidigung der Demokratie. Abhandlungen zur Demokratietheorie, hrsg. von Matthias Jestaedt/Oliver Lepsius, Tübingen, S. 1–33.

Keohane, Nannerl O. (2014): Western Political Thought, in: Rhodes, Roderick A. W./t'Hart, Paul (Hrsg.): The Oxford Handbook of Political Leadership, Oxford, S. 25–40.

Kielmansegg, Peter Graf (1977): Demokratieprinzip und Regierbarkeit, in: Hennis, Wilhelm/Kielmansegg, Peter Graf/Matz, Ulrich (Hrsg.): Regierbarkeit. Studien zu ihrer Problematisierung, Band 1, Stuttgart, S. 118–149.

Kielmansegg, Peter Graf (2004): Gemeinwohl durch politischen Wettbewerb, in: Arnim, Hans Herbert von/Sommermann, Karl-Peter (Hrsg.): Gemeinwohlgefährdung und Gemeinwohlsicherung. Vorträge und Diskussionsbeiträge auf der 71. Staatswissenschaftlichen Fortbildungstagung vom 12. bis 14. März 2003 an der Deutschen Hochschule für Verwaltungswissenschaften Speyer, Berlin, S. 125–134.

Kielmansegg, Peter Graf (2013): Die Grammatik der Freiheit. Acht Versuche über den demokratischen Verfassungsstaat, Baden-Baden.

Kielmansegg, Peter Graf (2017): Demos und Populus. Demokratietheoretische Annäherungen an das Phänomen Populismus, in: Beigel, Thorsten/Eckert, Georg (Hrsg.): Populismus. Varianten von Volksherrschaft in Geschichte und Gegenwart, Münster, S. 267–281.

Kleinmann, Hans-Otto (1993): Die Geschichte der CDU. 1945–1982, Stuttgart.

Kleinschmidt, Christian (2002): Der produktive Blick. Wahrnehmung amerikanischer und japanischer Management- und Produktionsmethoden durch deutsche Unternehmer 1950–1985, Berlin.

Kohlrausch, Martin (2005): Der Monarch im Skandal. Die Logik der Massenmedien und die Transformation der wilhelminischen Monarchie, Berlin.

Kommerell, Max (1930): Der Dichter als Führer in der deutschen Klassik. Klopstock-Herder-Goethe Schiller-Jean Paul-Hölderlin, 2. Auflage, Frankfurt am Main.

Körner, Konstanze (2016): Leitungsstile in der DDR. Ein Vergleich der Eliten in Partei, Industrie und Dienstleistungszweig 1971 bis 1989, Berlin.

Korte, Karl-Rudolf (2001): Der Anfang vom Ende. Machtwechsel in Deutschland, in: Hirscher, Gerhard/Korte, Karl-Rudolf (Hrsg.): Aufstieg und Fall von Regierungen. Machterwerb und Machterosionen in westlichen Demokratien, München, S. 23–64.

Korte, Karl-Rudolf (2011): Führung und Strategie in der Politik. Über die Zeitkrise des Politischen, in: Bandelow, Nils C./Hegelich, Simon (Hrsg.): Pluralismus – Strategien – Entscheidungen. Eine Festschrift für Prof. Dr. Klaus Schubert, Wiesbaden, S. 289–304.

Korte, Karl-Rudolf (2013): Machtwechsel in der Kanzlerdemokratie. Aufstieg und Fall von Regierungen in: Korte, Karl-Rudolf/Grunden, Timo (Hrsg.): Handbuch Regierungsforschung, Wiesbaden, S. 411–421.

Korte, Karl-Rudolf (2014): Politisches Entscheiden unter Bedingungen des Gewißheitsschwundes. Konzeptionelle Antworten der Regierungsforschung, in: Neuner, Peter (Hrsg.): Zufall als Quelle von Unsicherheit, Freiburg im Breisgau/München, S. 123–162.

Korte, Karl-Rudolf/Florack, Martin/Grunden, Timo (2006): Regieren in Nordrhein-Westfalen. Strukturen, Stile und Entscheidungen 1990 bis 2006, Wiesbaden.

Korte, Karl-Rudolf/Fröhlich, Manuel (2006): Politik und Regieren in Deutschland, 2. Auflage, Paderborn.

Koselleck, Reinhart (1978): Volk, Nation, Nationalismus, Masse. XIV: ‚Volk', ‚Nation', ‚Nationalismus' und ‚Masse' 1914–1945, in: Brunner, Otto/Conze, Werner/Koselleck, Reinhart (Hrsg.): Geschichtliche Grundbegriffe. Historisches Lexikon zur politisch-sozialen Sprache in Deutschland, Band 7, Stuttgart, S. 388–420.

Kroeschell, Karl (1995): Führer, Gefolgschaft und Treue, in: Rückert, Joachim/Willoweit, Dietmar (Hrsg.): Die Deutsche Rechtsgeschichte in der NS-Zeit. Ihre Vorgeschichte und ihre Nachwirkungen, Tübingen, S. 55–76.

Ladwig, Bernd (2002): Liberales Gemeinwohl. Von den Schwierigkeiten einer Idee und ihrem Verhältnis zur Gerechtigkeit, in: Münkler, Herfried/Bluhm, Harald

(Hrsg.): Gemeinwohl und Gemeinsinn, Band 4: Zwischen Normativität und Faktizität, Berlin, S. 85–112.

Lakoff, George (2004): Don't Think of an Elephant! Know Your Values and Frame the Debate, White River Junction.

Lakoff, George (2009): The Political Mind. A Cognitive Scientist's Guide to Your Brain and Its Politics, London.

Lammersdorf, Raimund (2005): „Das Volk ist streng demokratisch". Amerikanische Sorgen über das autoritäre Bewusstsein der Deutschen in der Besatzungszeit und frühen Bundesrepublik, in: Bauerkämper, Arnd/Jarausch, Konrad H./Payk, Marcus M. (Hrsg.): Demokratiewunder. Transatlantische Mittler und die kulturelle Öffnung Westdeutschlands, Göttingen, S. 85–103.

Lazarsfeld, Paul F./Berelson, Bernard/Gaudet, Hazel (1969): The People's Choice. How the Voter Makes up His Mind in a Presidential Campaign, 2. Auflage, New York/London.

Le Bon, Gustave (1951): Psychologie der Massen, Stuttgart.

Levsen, Sonja (2006): Der „neue Student" als „Führer der Nation". Neuentwürfe studentischer Identitäten nach dem Ersten Weltkrieg, in: Gerstner, Alexandra (Hrsg.): Der Neue Mensch. Utopien, Leitbilder und Reformkonzepte zwischen den Weltkriegen, Frankfurt am Main, S. 105–120.

Lippmann, Walter (1997): Public Opinion, New York.

Llanque, Marcus (2000): Demokratisches Denken im Krieg. Die deutsche Debatte im Ersten Weltkrieg, Berlin.

Lorenz, Robert/Micus, Matthias (2009): Die flüchtige Macht begabter Individualisten, in: Lorenz, Robert/Micus, Matthias (Hrsg.): Seiteneinsteiger. Unkonventionelle Politiker-Karrieren in der Parteiendemokratie, Wiesbaden, S. 487–504.

Lorig, Wolfgang H. (2007): Modernes Regieren und Public Leadership, in: Koch, Rainer/Dixon, John (Hrsg.): Public Governance and Leadership, Wiesbaden, S. 67–94.

Lösche, Peter (2005): Politische Führung und Parteivorsitzende. Einige systematische Überlegungen, in: Forkmann, Daniela/Schlieben, Michael (Hrsg.): Die Parteivorsitzenden in der Bundesrepublik Deutschland 1949–2005, Wiesbaden, S. 349–368.

Lübbe, Hermann (2004): Mehrheit statt Wahrheit. Über Demokratisierungszwänge, in: Kaiser, André/Zittel, Thomas (Hrsg.): Demokratietheorie und Demokratieentwicklung. Festschrift für Peter Graf Kielmansegg, Wiesbaden, S. 141–154.

Luhmann, Niklas (1969): Legitimation durch Verfahren, Neuwied am Rhein/Berlin.

Machiavelli, Niccolò (1986): Der Fürst. Italienisch/Deutsch, übers. und hrsg. von Peter Rippel, Stuttgart.

Maizière, Thomas de (2019): Regieren. Innenansichten der Politik, Freiburg im Breisgau.

Malik, Fredmund (2009): Führen Leisten Leben. Wirksames Management für eine neue Zeit, Frankfurt am Main/New York.

Mandeville, Bernard de (1968): Die Bienenfabel oder Private Laster, öffentliche Vorteile. Einleitung von Walter Euchner, Frankfurt am Main.

Mangold-Will, Sabine (2013): Begrenzte Freundschaft. Deutschland und die Türkei 1918–1933, Göttingen.

Mannheim, Karl (1958): Mensch und Gesellschaft im Zeitalter des Umbaus, Darmstadt.

Manow, Philip (2008): Im Schatten des Königs. Die politische Anatomie demokratischer Repräsentation, Frankfurt am Main.

Martynkewicz, Wolfgang (2009): Salon Deutschland. Geist und Macht 1900–1945, Berlin.

Marx, Karl (1969): Der achtzehnte Brumaire des Louis Bonaparte, in: Marx, Karl/Engels, Friedrich: Werke, Band 8, hrsg. vom Institut für Marxismus-Leninismus beim ZK der SED, [Ost-]Berlin, S. 111–207.

Marx, Karl (1971): Vorwort [zur zweiten Ausgabe (1869) „Der achtzehnte Brumaire des Louis Bonaparte"], in: Marx, Karl/Engels, Friedrich: Werke, Band 16, hrsg. vom Institut für Marxismus-Leninismus beim ZK der SED, [Ost-]Berlin, S. 358–360.

Matz, Ulrich (1979): Über politische Untugenden als Hemmnisse des Regierens im demokratischen Verfassungsstaat.

Einige allgemeine Bemerkungen und eine Kritik an der Bundesrepublik, in: Hennis, Wilhelm/Kielmansegg, Peter Graf/Matz, Ulrich (Hrsg.): Regierbarkeit. Studien zu ihrer Problematisierung, Band 2, Stuttgart, S. 211–232.

Meier, Christian (1980): Die Ohnmacht des allmächtigen Diktators Caesar. Drei biographische Skizzen, Frankfurt am Main.

Mergel, Thomas (2005): Führer, Volksgemeinschaft und Maschine. Politische Erwartungsstrukturen in der Weimarer Republik und dem Nationalsozialismus 1918–1936, in: Hardtwig, Wolfgang (Hrsg.): Politische Kulturgeschichte der Zwischenkriegszeit, Göttingen, S. 91–127.

Mergel, Thomas (2010): Propaganda nach Hitler. Eine Kulturgeschichte des Wahlkampfs in der Bundesrepublik 1949–1990, Göttingen.

Merkle, Hans L. (2001): Dienen und Führen. Erkenntnisse eines Unternehmers, Stuttgart/Leipzig.

Meyer (1907): Meyers Großes Konversations-Lexikon, Band 7, 6. Auflage, Leipzig/Wien.

Miersch, Michael (2010): Werte, in: Joffe, Josef u. a. (Hrsg.): Schöner Denken. Wie man politisch unkorrekt ist, 4. Auflage, München, S. 167.

Michels, Robert (1975): Die oligarchischen Tendenzen der Gesellschaft. Ein Beitrag zum Problem der Demokratie, in: Röhrich, Wilfried (Hrsg.): ,Demokratische' Elitenherrschaft. Traditionsbestände eines sozialwissenschaftlichen Problems, Darmstadt, S. 47–135.

Middendorf, Stefanie (2009): Massenkultur. Zur Wahrnehmung gesellschaftlicher Modernität in Frankreich 1880–1980, Göttingen.

Miller, Peter (2010): Die Intelligenz des Schwarms. Was wir von Tieren für unser Leben in einer komplexen Welt lernen können, Darmstadt.

Mohl, Robert von (1966): Von politischen Parteien und Elementen. Politische Aphorismen abgeleitet aus der Zeitgeschichte, in: Mohl, Robert von: Politische Schriften, hrsg. von Klaus von Beyme, Köln/Opladen, S. 243–261.

Mohn, Reinhard (2000): Menschlichkeit gewinnt. Eine Strategie für Fortschritt und Führungsfähigkeit, 3. Auflage, Gütersloh.
Montesquieu, Charles de (1992): Vom Geist der Gesetze, übers. und hrsg. von Ernst Forsthoff, 2 Bände, 2. Auflage, Tübingen.
Morris, Dick (2002): Power Plays. Win or Lose – How History's Great Political Leaders Play the Game, New York.
Mouffe, Chantal (2007): Über das Politische. Wider die kosmopolitische Illusion, Frankfurt am Main.
Mudde, Cas/Kaltwasser, Cristóbal Rovira (2014): Populism and Political Leadership, in: Rhodes, Roderick A. W./t'Hart, Paul (Hrsg.): The Oxford Handbook of Political Leadership, Oxford, S. 376–388.
Müller, Jan-Werner (2011): Ein gefährlicher Geist. Carl Schmitts Wirkung in Europa, 2. Auflage, Darmstadt.
Müller, Jan-Werner (2017): Populismus gegen Demokratie, in: Beigel, Thorsten/Eckert, Georg (Hrsg.): Populismus. Varianten von Volksherrschaft in Geschichte und Gegenwart, Münster, S. 257–266.
Münchhausen, Marcon von/Fourner, Cay von (2007): Führen mit dem inneren Schweinehund, Frankfurt am Main/New York.
Musil, Robert (1978): Gesammelte Werke, Band 1: Der Mann ohne Eigenschaften, hrsg. von Adolf Frisé, Reinbek bei Hamburg.
Musil, Robert (2007): Das Konvolut ‚Germany', in: Amann, Klaus: Robert Musil – Literatur und Politik. Mit einer Neuedition ausgewählter politischer Schriften aus dem Nachlass, Reinbek bei Hamburg, S. 202–230.
Neubauer, Rainer M./Hogan, Robert (2006): Persönlichkeit zählt, in: Harvard Business Manager, Nummer 4/2006, S. 102–111.
Niejahr, Elisabeth/Pörtner, Rainer (2002): Joschka Fischers Pollenflug und andere Spiele der Macht. Wie Politik wirklich funktioniert, Frankfurt am Main.

Niermeyer, Rainer (2010): Mythos Authentizität. Die Kunst, die richtigen Führungsrollen zu spielen, Frankfurt am Main/New York.

Nietzsche, Friedrich (1994a): Napoleon III als Praesident, in: Nietzsche, Friedrich: Jugendschriften, Band 2: 1861–1864, hrsg. von Hans Joachim Mette, München, S. 23–28.

Nietzsche, Friedrich (1994b): Philosophische Notizen, in: Nietzsche, Friedrich: Jugendschriften, Band 3: Schriften der Studenten- und Militärzeit 1864–1868, hrsg. von Hans Joachim Mette/Karl Schlechta, München, S. 317–395.

Nippel, Wilfried (2000): Charisma und Herrschaft, in: Nippel, Wilfried (Hrsg.): Virtuosen der Macht. Herrschaft und Charisma von Perikles bis Mao, München, S. 7–22.

Nolte, Barbara/Heidtmann, Jan (2009): Die da oben. Innenansichten aus den deutschen Chefetagen, Frankfurt am Main.

Nunberg, Geoffrey (2007): How Conservatives Turned Liberalism into a Tax-Rising, Latte-Drinking, Sushi-Eating, Volvo-Driving, New York Times-Reading, Body-Piercing, Hollywood-Loving, Left-Wing Freak Show, New York.

Nye, Joseph S. (2008): The Powers to Lead, Oxford.

Nye, Robert A. (1975): The Origins of Crowd Psychology. Gustave LeBon and the Crisis of Mass Democracy in the Third Republic, London/Beverly Hills.

Oberreuter, Heinrich (1992): Politische Führung in der parlamentarischen Demokratie, in: Bracher, Karl Dietrich u. a. (Hrsg.): Staat und Parteien. Festschrift für Rudolf Morsey zum 65. Geburtstag, Berlin, S. 159–174.

Oberreuter, Heinrich (1993): Parlamentarische Opposition in der Bundesrepublik Deutschland, in: Euchner, Walter (Hrsg.): Politische Opposition in Deutschland und im internationalen Vergleich, Göttingen, S. 60–75.

Oetzel, Annette (1997): Die Lernende Organisation, in: Little, Arthur D. (Hrsg.): Management von Innovation und Wachstum, Wiesbaden, S. 339–341.

Ortega y Gasset, José (1978): Gesammelte Werke, Band 2, Stuttgart.

Ossietzky, Carl von (1994): Idiotenführer durch die Regierungskrise, in: Ossietzky, Carl von: Sämtliche Schriften, Band 4: 1927–1928, hrsg. von Werner Boldt/Renke Siems, Reinbek bei Hamburg, S. 9–12.

Paris, Rainer (2005): Normale Macht. Soziologische Essays, Konstanz.

Payk, Markus M. (2005): Der „Amerikakomplex". „Massendemokratie" und Kulturkritik am Beispiel von Karl Korn und dem Feuilleton der „Frankfurter Allgemeinen Zeitung" in den fünfziger Jahren, in: Bauerkämper, Arnd/Jarausch, Konrad H./Payk, Markus M. (Hrsg.): Demokratiewunder. Transatlantische Mittler und die kulturelle Öffnung Westdeutschlands 1945–1970, Göttingen, S. 190–217.

Pfaff, Isabella (2013): Die Professionalisierung von Politik, in: Burmester, Hanno/Pfaff, Isabella (Hrsg.): Politik mit Zukunft. Thesen für eine bessere Bundespolitik, Wiesbaden, S. 91–103.

Pickel, Susanne (2013): Politische Kultur, Systemvertrauen und Demokratiezufriedenheit. Wann fühlen sich die Bürger gut regiert?, in: Korte, Karl-Rudolf/Grunden, Timo (Hrsg.): Handbuch Regierungsforschung, Wiesbaden, S. 161–174.

Platon (2000): Der Staat/Politeia. Griechisch-deutsch, übers. von Rudolf Rufener, hrsg. von Thomas A. Szlezák, Düsseldorf/Zürich.

Popper, Karl (2003): Das Elend des Historizismus, Tübingen.

Preuß, Hugo (1926): Staat, Recht und Freiheit. Aus vierzig Jahren deutscher Politik und Geschichte, Tübingen [ND Hildesheim/Zürich/New York 2006].

Prosenc, Milávz (1970): Führungsauslese (Elitenbildung), in: Röhring, Hans-Helmut/Sontheimer, Kurt (Hrsg.): Handbuch des deutschen Parlamentarismus. Das Regierungssystem der Bundesrepublik in 270 Stichworten, München, S. 152–154.

Quaquebeke, Niels van/Eckloff, Tilman (2010): Defining Respectful Leadership. What it Is, How it Can Be Measured, and Another Glimpse at What it Is Related To, in: Journal of Business Ethics, Band 91, S. 343–358.

Radkau, Joachim (2013): Theodor Heuss, München.
Raschke, Joachim/Tils, Ralf (2011): Politik braucht Strategie. Taktik hat sie genug, Frankfurt am Main/New York.
Rawls, John (1979): Eine Theorie der Gerechtigkeit. Übers. von Hermann Vetter, Frankfurt am Main.
Raynor, Michael E./Mumtaz, Ahmed/Henderson, Andrew D. (2009): Mehr Glück als Verstand, in: Harvard Business Manager, Nummer 5/2009, S. 14–15.
Rehling, Andrea (2011): Die konzertierte Aktion im Spannungsfeld der 1970er-Jahre. Geburtsstunde des Modells Deutschland und Ende des modernen Korporatismus, in: Andresen, Knud/Bitzegeio, Ursula/Mittag, Jürgen (Hrsg.): Nach dem Strukturbruch? Kontinuität und Wandel von Arbeitswelten, Bonn, S. 65–86.
Reinhard, Wolfgang (1996): Amici e creature. Politische Mikrogeschichte der römischen Kurie im 17. Jahrhundert, in: Quellen und Forschungen aus italienischen Archiven und Bibliotheken, Band 76, S. 308–334.
Reitmayer, Morten (2009): Elite. Sozialgeschichte einer politisch-gesellschaftlichen Idee in der frühen Bundesrepublik, München.
Remini, Robert V. (1988): The Life of Andrew Jackson, New York.
Richter, Emanuel (2011): Was ist Politische Kompetenz? Politiker und engagierte Bürger in der Demokratie, Frankfurt am Main/New York.
Rhodes, Roderick A. W./t'Hart, Paul (2014): Rhodes, Roderick A. W./t'Hart, Paul (Hrsg.): The Oxford Handbook of Political Leadership, Oxford.
Ritzi, Claudia/Schaal, Gary S. (2010): Politische Führung in der „Postdemokratie", in: Aus Politik und Zeitschichte, Nummer 2–3/2010, S. 9–14.
Rooke, David/Torbert, William R. (2005): Die sieben Managertypen – und welcher Erfolg hat, in: Harvard Business Manager, Nummer 7/2005, S. 18–34.
Rosa, Hartmut (2004): Beschleunigung. Die Veränderung der Zeitstrukturen in der Moderne, Frankfurt am Main.

Rothe, Friedrich (2008): Harry Graf Kessler. Biographie, München.
Rüb, Friedbert W. (2012): Politische Entscheidungsprozesse, Kontingenz und demokratischer Dezisionismus: Eine policy-analytische Perspektive, in: Toens, Katrin/Willems, Ulrich (Hrsg.): Politik und Kontingenz, Wiesbaden, S. 117–142.
Rüb, Friedbert W. (2013): Wie erfolgreich kann Regieren heute sein? Überlegungen zur Rationalität und zur Strategiefähigkeit von (erfolgreichen) Regierungen, in: Eckert, Georg/Novy, Leonard/Schwickert, Dominic (Hrsg.): Zwischen Macht und Ohnmacht. Facetten erfolgreicher Politik, Wiesbaden, S. 240–256.
Schanetzky, Tim: Die große Ernüchterung. Wirtschaftspolitik, Expertise und Gesellschaft in der Bundesrepublik 1966 bis 1982, Berlin.
Schild, Georg (2003): Zwischen Freiheit des Einzelnen und Wohlfahrtsstaat. Amerikanische Sozialpolitik im 20. Jahrhundert, Paderborn.
Schmidt, Helmut/di Lorenzo, Giovanni (2012): Verstehen Sie das, Herr Schmidt?, Köln.
Schmitt, Carl (2011): Die Tyrannei der Werte, 3. Auflage, Berlin.
Schmücking, Daniel (2015): Negative Campaigning. Die Wirkung und Entwicklung negativer politischer Werbung in der Bundesrepublik, Wiesbaden.
Schoeps, Hans Joachim (1963): Konservative Erneuerung. Ideen zur deutschen Politik, Berlin.
Schönberger, Christoph (2010): Autorität in der Demokratie, in: Zeitschrift für Ideengeschichte, Band 4, S. 14–50.
Schulz, Frauke/Werwath, Christian (2012): Fazit. Wer waren die Ministerpräsidenten des Landes Niedersachsen?, in: Nentwig, Teresa u. a. (Hrsg.): Die Ministerpräsidenten des Landes Niedersachsen: Landesväter und Landesmanager. Politische Führung von Hinrich Wilhelm Kopf bis Christian Wulff, Hannover, S. 275–292.
Schurz, Carl (2015): Lebenserinnerungen, Band 2: Von 1852 bis 1870, hrsg. von Daniel Göske, Göttingen.

Schwarz, Hans-Peter (1998): Das Gesicht des Jahrhunderts. Monster, Retter und Mediokritäten, Berlin.
Sebaldt, Martin (2010): Die Muster politischer Führung in westlichen Regierungssystemen. Empirische Befunde im Vergleich, in: Sebaldt, Martin/Gast, Henrik (Hrsg.): Politische Führung in westlichen Regierungssystemen. Theorie und Praxis im internationalen Vergleich, Wiesbaden, S. 335–361.
Seebacher-Brandt, Brigitte (1984): Ollenhauer. Biedermann und Patriot, Berlin.
Selznick, Philip (1957): Leadership in Administration. A Sociological Interpretation, New York.
Siefken, Sven T. (2002): Vorwahlen in Deutschland? Folgen der Kandidatenauswahl nach U.S.-Vorbild, in: Zeitschrift für Parlamentsfragen, Band 33, S. 531–550.
Simon, Herbert A. (1995): Rationality in Political Behavior, in: Political Psychology, Band 16, S. 45–61.
Smith, Anthony F. (2008): Leadership-Tabus. Die 10 Geheimnisse der Manager, Weinheim.
Söllner, Fritz (2001): Die Geschichte des ökonomischen Denkens, 2. Auflage, Berlin/Heidelberg/New York.
Sontheimer, Kurt (1978): Antidemokratisches Denken in der Weimarer Republik. Die politischen Ideen des deutschen Nationalismus zwischen 1918 und 1933, 4. Auflage, München.
Speitkamp, Winfried (1998): Jugend in der Neuzeit. Deutschland vom 16. bis zum 20. Jahrhundert, Göttingen.
Sprenger, Reinhard K. (2008): Individuelle Führung – oder: Die Souveränität des Ich, in: Weissman, Arnold (Hrsg.): Erfolgreich mit den Großen des Managements, Frankfurt am Main/New York, S. 55–66.
Stauss, Frank (2017): Höllenritt Wahlkampf. Ein Insider-Bericht, München.
Steinbrück, Peer (2010): Unterm Strich, 3. Auflage, Hamburg.
Sternberger, Dolf (1962): Grund und Abgrund der Macht. Kritik der Rechtmäßigkeit heutiger Regierungen, Frankfurt am Main.

Stoiber, Edmund (2012): Weil sich die Welt ändert. Politik aus Leidenschaft – Erfahrungen und Perspektiven, München.
Straub, Eberhard (2010): Zur Tyrannei der Werte, Stuttgart.
Struck, Peter (2010): So läuft das. Politik mit Ecken und Kanten, Berlin.
Süess, Martina (2017): Führernatur und Fiktion. Charismatische Herrschaft als Phantasie einer Epoche, Konstanz.
Sunken, Jochen (2016): Macht- und Gestaltungszielverfolgung von Regierungsparteien. Strategische Muster der SPD 1998–2005, Wiesbaden.
Süß, Winfried (2003): „Wer aber denkt für das Ganze?" Aufstieg und Fall der ressortübergreifenden Planung im Bundeskanzleramt, in: Frese, Matthias/Paulus, Julia/Teppe, Karl (Hrsg.): Demokratisierung und gesellschaftlicher Aufbruch. Die sechziger Jahre als Wendezeit der Bundesrepublik, Paderborn, S. 349–377.
Terman, Lewis M. (1926): Genetic Studies of Genius, Band 1: Mental and Physical Traits of a Thousand Gifted Children, 2. Auflage, Stanford.
Teufel, Erwin (2013): Wirklichkeitsorientierung und Werteorientierung, in: Eckert, Georg/Novy, Leonard/Schwickert, Dominic (Hrsg.): Zwischen Macht und Ohnmacht. Facetten erfolgreicher Politik, Wiesbaden, S. 99–101.
Thaysen, Uwe (1986): Denken ohne Diskussion? Zur innerparteilichen Demokratie in der Bundesrepublik, in: Krockow, Christian Graf von/Lösche, Peter (Hrsg.): Parteien in der Krise. Das Parteiensystem der Bundesrepublik und der Aufstand des Bürgerwillens, München, S. 59–83.
Treibel, Jan (2014): Die FDP. Prozesse innerparteilicher Führung 2000–2012, Baden-Baden.
Tuchman, Barbara (1984): Die Torheit der Regierenden. Von Troja bis Vietnam, Frankfurt am Main.
Uhl, Karsten (2010): Führungsstile und Machtbeziehungen im industriellen Betrieb des 20. Jahrhunderts, in: Neue Politische Literatur, Band 55, S. 233–254.
Ullrich, Wolfgang (2010): Macht zeigen. Kunst als Herrschaftsstrategie, in: Ullrich, Wolfgang (Hrsg.): Macht zeigen. Kunst

als Herrschaftsstrategie: Eine Ausstellung des Deutschen Historischen Museums Berlin, Berlin, S. 10–33.

Vierhaus, Rudolf (1964): Faschistisches Führertum. Ein Beitrag zur Phänomenologie des europäischen Faschismus, in: Historische Zeitschrift, Band 198, S. 614–639.

Walter, Franz (1997): Führung in der Politik. Am Beispiel sozialdemokratischer Parteivorsitzender, in: Zeitschrift für Politikwissenschaft, Band 7, S. 1287–1336.

Walter, Franz (2008): Baustelle Deutschland. Politik ohne Lagerbindung, Frankfurt am Main.

Walter, Franz (2009): Charismatiker und Effizienzen. Porträts aus 60 Jahren Bundesrepublik, Frankfurt am Main.

Walter, Franz (2017): Rebellen, Propheten und Tabubrecher. Politische Aufbrüche und Ernüchterungen im 20. und 21. Jahrhundert, Göttingen.

Weber, Max (1988a): Die drei reinen Typen der legitimen Herrschaft, in: Weber, Max: Gesammelte Aufsätze zur Wissenschaftslehre, hrsg. von Johannes Winckelmann, 7. Auflage, Tübingen, S. 475–488.

Weber, Max (1988b): Politik als Beruf, in: Weber, Max: Gesammelte Politische Schriften, hrsg. von Johannes Winckelmann, 5. Auflage, Tübingen, S. 505–561.

Wehner, Herbert (1973): „Was der Regierung fehlt, ist ein Kopf", in: Der Spiegel, Nummer 41/1973, 08. Oktober 1973, S. 25–34.

Weizsäcker, Richard von (2002): „Die Menschen erwarten mutigeres Handeln". Interview, in: Stern, Nummer 50/2002, 05. Dezember 2002, S. 42–45.

Welskopp, Thomas (2010): Amerikas große Ernüchterung. Eine Kulturgeschichte der Prohibition, Paderborn.

Westen, Drew (2008): The Political Brain. The Role of Emotion in Deciding the Fate of the Nation, New York.

Westerwelle, Guido (2010): „Ich kann auch anders". Interview, in: Der Spiegel, Nummer 6/2010, 08. Februar 2010, S. 26–28.

Wildt, Michael (2011): Der Fall Reinhard Höhn. Vom Reichssicherheitshauptamt zur Harzburger Akademie, in: Gallus, Alexander/Schildt, Axel (Hrsg.): Rückblickend in die Zukunft. Politische Öffentlichkeit und intellektuelle Positionen in Deutschland um 1950 und um 1930, Göttingen, S. 254–271.

Wilson, Woodrow (1968): Congressional Government, in: The Papers of Woodrow Wilson, Band 5: 1985, hrsg. von Arthur S. Link u. a., Princeton (New Jersey), S. 5–179.

Wowereit, Klaus (2007): … und das ist auch gut so. Mein Leben für die Politik, 2. Auflage, München.

Zimmerli, Jonathan (2016): Offizier oder Manager? Amerikanische Kommandeure im Zweiten Weltkrieg, Paderborn.

MIX
Papier aus verantwortungsvollen Quellen
Paper from responsible sources
FSC® C105338

If you have any concerns about our products,
you can contact us on
ProductSafety@springernature.com

In case Publisher is established outside the EU,
the EU authorized representative is:
**Springer Nature Customer Service Center GmbH
Europaplatz 3, 69115 Heidelberg, Germany**

Printed by Libri Plureos GmbH
in Hamburg, Germany